人間関係のモヤモヤ、ストレスが
いっきに消える！
「伝説の家庭教師」が教える
「7つの言い換え」の魔法

社長・企業幹部
1000人以上の
話し方を変えた！
「伝説の家庭教師」
岡本純子

世界最高の伝え方

東洋経済新報社

はじめに

「モヤモヤ」はコミュニケーションで解決できる

伝わらない、わかってもらえない、言うことを聞いてくれない、心が通じ合わない、なんとなくギクシャクする……。

部下、上司、同僚、子ども、パートナー、身の回りの人とのやりとりの中で、なんだかモヤモヤしたり、ストレスを感じたりすることはないでしょうか。

朝、目覚めてから、夜、眠りにつくまで、オギャアと産声を上げてから、最期の息をするその瞬間まで、人はコミュニケーションをして生きています。

人生はまさに「コミュニケーション」でできているわけです。

「人間の悩みは、すべて対人関係の悩みである」と心理学者アドラーは言いましたが、言い換えれば、**人の悩みはほぼ「コミュニケーションの悩み」である**ということ。

つまり、**みなさんの抱える多くの問題は、コミュニケーションで解決ができる**わけです。

でも、その解き方を日本人はほとんど教わりません。

数学の方程式や現代文の読解、さらには、もはや誰も使わない1000年前の言葉の使い方についてでは学校でその活用形までみっちり教えてもらえるのに、**人生で最も重要なスキルである「話し方」「聞き方」「伝え方」「対話の仕方」などについて、教育を受ける機会はほとんどない**のです。

コミュニケーションは「正解のある科学」

私は新聞記者、PRコンサルタントを経て、2014年に渡米し、ニューヨークでコミュニケーションの修業を積みました。

いまでこそ、人に話し方を教える身ですが、以前は人前に立つと膝がガクガクして緊張するなど、自信がなく、知らない人と話すのが苦手でした。

そんな自分を、なんとか変えたかったのです。

アメリカで学んでわかったのは、**コミュニケーションは脳科学や心理学、人類学などから導き出された「正解」や「方程式」がしっかり存在する「科学」である**ということでした。

日本では「コミュニケーション力＝生まれつきの才能」と思われがちですが、海外では多くの人が、幼少期から学校で1から10までを学ぶスキルなのです。

私は、そうした学術研究や教材を一つひとつ読み解き、**「最適解」を見つけ出す**とともに、声の出し方やボディランゲージ、ストーリーのつくり方などを教えるクラスやワークショップに日夜通い、**「世界水準のコミュニケーションの必勝スキル」**を体得しました。

このノウハウをもとに、現在は、日本の企業経営者や政治家など**トップリーダーの「家庭教師」**として、**人の心を動かす話し方をコーチング**しています。

2022年には、「世界最高の話し方の学校」を立ち上げ、次世代リーダーの方々に、雑談・会話術から説明・説得、プレゼン術まで、グローバルスタンダードのコミュニケーションをお教えする傍ら、日本全国の企業や団体の依頼を受けて、数多くの研修・講演活動も行っています。

職場の「コミュニケーション三重苦」

そうした活動の中で、これまで幅広い職業や年代の人々とお会いし、コミュニケーションのお悩みを聞いてきました。

見知らぬ人との雑談や会話が苦手、人前で話すと緊張する……こんなお悩みが多いのですが、最近とくによく聞こえてくるのが、**「職場や家庭で、部下や子どもにどうやって伝えればいいのかわからない」という声**です。

注意する、指示・指導する、報告する、ほめる、叱るなど、**日常の意思疎通に悩んでいる人がじつに多い**ことに気づきました。

こうした悩みの背景には、いわゆる**「上意下達」「トップダウン」**で命令し、**叱りつける、指導するといった、これまでのスタイルが機能しなくなっているという現実**があります。

もちろん、日本人のお家芸「以心伝心」も、もはや通用しません。

少しでも強く言うと、パワハラだと言われてしまう。部下に行動を改めてもらいたいが、どう言えばいいかわからない……。

おまけに昨今はリモートワークで、ろくに同僚や部下の顔を見て話す機会もないという人も増えました。

職場でのコミュニケーション不足を補う役割を果たしてきた「飲みニケーション」の機会も減っています。

- 脱「〇〇ハラ」
- リモートワーク
- 「飲みニケーション」の減少

という、まさに昭和・平成型サラリーマンには**「三重苦」**ともいえる状況で、いったいどうやって同僚や部下と心を通わせればいいのやら……。

多くの人が途方に暮れているのです。

日本に蔓延するコミュニケーションクライシス

さらに、家でも、子どもが、親が、妻が、夫がわかってくれない、言うことを聞いてくれない、わかり合えない……。そんなフラストレーションを抱える人が激増しています。

まさに、いま職場で、家庭で、日本中で、**「コミュニケーションクライシス」**が勃発しているのです。

たとえば、次のような悩みを抱える人はいないでしょうか。

- 子どもにもっと勉強してもらいたいが、何回言っても、やる気を出してくれない
- 子どもに何を言っても、「ウザい」と言われる、口をきいてもらえない
- 夫婦のコミュニケーションがギクシャクしている
- 業績の上がらない部下を鼓舞したいが、怒るわけにもいかず、ほめるのも苦手
- 職場でのコミュニケーションも少なく、社員の不満が高まっている

- リモートが増えてラクになったけれど、チームのメンバーとの意思疎通がうまくいかない
- 「きちんと思いを伝えたい」と思いながら、なかなか声を上げられない
- 端的にわかりやすく伝えられない

じつはそのお悩み、スッキリ、きれいに解決できるんです！

そのカギが、膨大なコミュニケーション研究に基づき導き出された、**世界水準の「7つの言い換え」ルール**。

このルールを使えば、響かない、聞かない、効かない、動「かない」言葉を、あっという間に、響く、聞く、効く、人を「かえる」言葉にパワーアップできます。

その**秘伝テクニックを今回、はじめて大公開！**

コミュニケーションの多くの場面に絶大な効果を発揮する**「声掛け」の万能レシピ**です。

ほぼ同じ意味なのに、**ほんの少し伝え方を変えるだけ**で、驚くほど簡単に、相手の行

動や反応が変わります。

その「奇跡」をぜひみなさんにも経験し、悩みをサクサクと解消していただきたいという思いを込めました。

では、さっそく始めていきましょう！

［目次］

世界最高の伝え方

人間関係のモヤモヤ、ストレスがいっきに消える！
「伝説の家庭教師」が教える「７つの言い換え」の魔法

第1章

「ネガティブ・否定的なこと」を伝える技術

人がぐんぐん育つ！ 伸びる！ ◯◯ハラにもならない！ 世界最高の〝叱り方〟

Q&A編
「こんなとき」「こんな相手」にはどうすればいい？ 気になる疑問に一挙回答！ 146

第3章
日本人がとにかく苦手！ 誤解だらけ！
やる気に火をつける「ほめ」の真実 153

第4章

「ポジティブ・肯定的なこと」を伝える技術

人の行動を変える！人間関係が劇的によくなる！世界最高のほめ方

第5章

「ニュートラル・中立的なこと」を伝える技術

たったこれだけで、あっという間に伝わる！

世界最高の説明・指示・伝達のルール

特別付録 「世界最高の自己紹介」の方程式 232

第1章

「ネガティブ・否定的なこと」を伝える技術

人がぐんぐん育つ！ 伸びる！
○○ハラにもならない！

世界最高の〝叱り方〟

「伝え方の極意」を完全網羅

人は生きていくうえで、**さまざまな「伝える」場面**を経験します。

あいさつ、雑談、会話、会議、商談、報告、指示、指導、説明、説得、プレゼン、スピーチ……。

目的や内容は多岐にわたるわけですが、シチュエーションは違っても、じつはそのコツはすべてのコミュニケーションに共通しています。

この本は、そんな全方位で役立つテクニックを網羅し、徹底解説した**「伝え方の完全マニュアル」**です。

伝える内容は、大きく3種類に分類されます。

❶ネガティブ（否定的）

「行動を変えてもらいたい、やめてもらいたい、改めてもらいたい」など、**相手が聞きたくないことを伝える**ケース。

叱る、批判する、間違いを指摘する、注意するといった言動です。

❷ポジティブ（肯定的）

「行動を継続・繰り返してもらいたい、相手の気分をよくしたい、関係性をよくしたい、モチベーションを上げたい」など、**相手が聞いて喜ぶことを伝える**ケース。

賞賛する、励ます、承認する、共感する、感謝するといった言動が当てはまります。

❸ニュートラル（中立的）

相手を批判するでも、ほめるでもなく、**意思や情報を伝達する**ケース。

説明する、伝達する、指示する、報告するといった言動です。

それぞれのシチュエーション別に、最も効果的な「言い換え」のルールを紹介していきましょう。

みんな、「叱り方」で悩んでいる

まず、この中で最も難しいという声が上がるのが「❶ネガティブ」です。

×

何やってんだ！
気合が足りない！
もっと、本気を出せ！
たるんでいる！
しっかり、やれ！

かつてであれば、このような怒声交じりの叱責は日常茶飯事。
私も新聞社という体質の古い業界にいたので、怒鳴られ、叱りつけられ、ギュッと拳を握って、何度も涙したものでした。

「心理的安全性」が大きな課題に

ただ、昨今は少しでも、語気荒く言葉を発すれば、即「パワハラ！」とレッドカード。ちょっとでもネガティブなことを言えば、相手は傷ついてしまうのではないか、こちらが逆に訴えられるのではないか……などとハラハラする。

そんな恐怖感から、**言いたいことが言えない「口《くち》チャック上司」が激増**しています。

「あれもNG」「これもまずいかな」などと考えすぎて、結果的に何も言えない「コミュレス状態」、やがて職場は機能不全に……というわけです。

とくに最近、職場で**「心理的安全性」「エンゲージメント」が重要だ！**などと、よく言われますよね。

「心理的安全性」とは、**組織の中で、自分の考えや気持ちを誰に対してでも安心して発言できる状態**を指します。

「エンゲージメント」とは、**仕事や組織への愛着**や、**やる気**などを意味しますが、日本ではどちらも絶望的に低いことが問題視されてきました。

コロナ禍でのリモートワークの普及などもあいまって、とくにいま、**日本企業のコミュニケーション不足・不全は危険水域**に達しています。

こんな叱り方は絶対NG

脅迫、恫喝、侮辱、暴言、怒鳴る、バカにする、人格否定、ガミガミと何度も繰り返す、差別発言……。

かつては一部で当たり前のように行われていたこうした言動ですが、いまは**あっという間に「パワハラ」認定**されて、一発退場です。

さすがに、こういったあからさまなNGケースは昔に比べて減ってきてはいるようですが、中小企業、地方の企業などの方に話を聞くと、じつはまだまだ根絶できていないことに驚かされます。

「うちの社長は、すべてのコミュニケーションが上から目線。何かとマウントをとり、社員の意見に一切耳を貸さない」

「言い方がきつく、常に叱責モード。社員がどんどんやめていく。どうにか、社長のコミュニケーションを変えてほしい」

私のもとには、こんな**切実なSOS**が日々飛び込んできます。

「以心伝心」「上意下達」に縛られる日本社会

そもそも年功序列が重んじられる日本は「上司や親が上、部下や子が下」というタテ社会。

目下の人間は目上に敬語を使い、上司や年上の人、親が言うことを部下や年下の人、子どもは聞くべきである、という認識がまだまだ根強くあります。

また、島国で、民族や人種などの同質性が高く、「以心伝心」「一を聞いて十を知る」文化の中で、価値観の異なる人に「わかりやすく言語化して伝える」技術が発達してきませんでした。

男性優位で、体育会のようなマッチョな軍隊カルチャーが根付いた会社も少なくありません。

結果的に、上意下達で、力をもって一方的に押さえつけるスタイルや、伝わりづらい抽象論、精神論がまかり通ってきました。

「しっかり」「本気出せ」「気合を入れて」などと声をかけられても、やる気など1ミリも湧いて出てくるわけもないのに、まるで呪文のように唱えつづける指導者、上司、親はまだまだ健在というわけです。

「しっかり」も? 声掛けNGフレーズとは

みなさんは、こんな言葉を伝えていませんか?

×

早くしなさい
勉強しなさい
いい加減にしなさい
○○したらダメ!
なんで、そんなことしたの?

しっかりしなさい
何度言えばわかるの？
まあ、よろしく頼むよ
あなたはいつも……

こんな口癖がある人は要注意。

これらの言葉は、**伝えているようで、まったく伝わらない**、もしくは**相手を傷つけるだけのNGフレーズの代表格**です。

数十年に及ぶ景気後退、日本社会の停滞感は、これまでの旧式の経営・リーダーシップが機能していないという証しでもあります。

そろそろ、この**あいまいで、抽象的で、旧態依然としたコミュニケーションスタイルをアップデート**しなければなりません。

「『叱る』は正義」の人の5つの誤解

「間違った考え方を改めてもらいたい」

「行動や態度を変えてもらいたい」

他人にそう感じることは、誰でも一つや二つあることでしょう。

そういう人に対しては、やはり、「『叱る』」という行動は効果的」と思われがちです。

「叱る」人の頭の中には、**5つの誤解**が隠されています。

❶自分が「叱る」、相手は「叱られるべき」上下の関係性がある
❷相手は間違いや弱みを「わかっていない」ので、指摘してあげるべきだ
❸私が正しく、相手は間違っており、私のやり方は相手にも通用する
❹人は叱られないと、甘やかされ、成長できない
❺叱ることには効果がある

このどれもが、じつは間違っています。

上下関係に基づく、**「上→下」の一方的なコミュニケーションは、人の考え方や行動を変えるうえでは、効果が薄い方法**です。

年齢や身分が上の者が常に正解を持ち、下の者は従うべきという考え方も、いまや時代遅れ。あなたの相手への評価が歪んでいる可能性も否定できません。

これだけ時代の変化が速い時代に、紙とファックスでやってきた旧世代のやり方がいつも正しいわけはないですよね。

価値観も大きく変わり、多様化する中で、昨日までの常識は、あっという間に、今日の非常識に変わります。

正しく指導しているつもりでも、古くて時代遅れのやり方を押しつけているだけ、という可能性は高いのです。

人によって、最適解はさまざまで、自分のやり方が相手にも通用するとは限りません。

そして、**「人は叱られないと成長できない」「叱ることには効果がある」という考え方もじつは間違っています**。詳しく解説していきましょう。

「叱る」はじつは効果がない

叱る、すなわち、**相手の非をあげつらい、批判する行為は「基本的に効果がない」**ということは、多くのグローバルな科学的研究から明らかになっています。

たとえば、次のような研究結果も出ています。

脳は批判的な意見やフィードバックを脅威とみなす。批判によって生じる強い否定的感情は、神経回路へのアクセスを阻害し、認知、感情、知覚の障害を呼び起こす。したがって、人の欠点に焦点を当てることは、学習を促進するのではなく、むしろ阻害する。

〈米ケース・ウェスタン・リザーブ大学の研究〉

教育の現場でも、同様の研究があります。

学生は本能的に、気分が悪くなるような意見やフィードバックを排除し、気分がよくなるようなフィードバックに同調する。

実際、ほめられる頻度が高く、批判される頻度が低いほど、つまりほめ言葉の比率が高いほど、生徒は積極的に行動する。
〈Educational Psychology誌〉

厳しい言葉が飛び交うスポーツの舞台でも、**批判や否定、叱責は「百害あって、一利なし」**ということが明らかになっています。

スポーツの現場での言葉による攻撃は、モチベーションや感情とは負の相関がある。否定的な行動変容のテクニック（叱責、人格攻撃、能力攻撃、からかい、嘲笑、脅迫、冒涜など）は、何ら効果がない。
〈Journal of Sport Behavior誌〉

といったように、**否定的なフィードバック・批判は相手を嫌な気分にするだけで、効果がない**ということが多くの研究から実証されているのです。

状況がどんなに危機的でも叱ってはいけない

手術室で執刀する先輩医師が、ミスを犯した後輩医師を叱りつける。

ドラマなどでありそうなこんな叱りつけも、教育効果がないばかりか、「患者にも悪影響を及ぼす」という研究さえあります。

人の大切な命を預かる現場ですから、「もし間違いなどあれば、厳しく指導するべき」と考えてしまいそうですが、叱責は相手を萎縮させるだけで、効果がありません。

同じく、人の命がかかった、飛行機のコックピットの中を想像してみてください。副機長がちょっとした間違いを犯しました。

「ダメじゃないか!」と機長の怒号が聞こえてきそうですが、これもアウト。

こうした叱責は、将来的に、間違いを犯した人が、それを隠蔽しようとするリスクを高めたり、上長の間違いも指摘できなくなったりしてしまうからだそうです。

たとえ、あなたの叱責・批判が図星だったとしても、状況がどんなに危機的だったとしても、声を荒らげて叱りつけることは逆効果になります。

「叱る」は基本、相手の行動を変える力はあまりないばかりか、**「あなたがどんなに嫌な奴だったのか」という記憶を相手に植え付けるだけで終わる**のです。

「叱る」は結局、自らへの攻撃として戻ってくる

では、どうして「叱る」に効果がないのでしょうか。

なぜなら、批判など否定的な言葉は、相手に恐怖心を覚えさせ、**「Fight or Flight（闘争・逃走）モード」にしてしまう**からです。

まず、**「叱責」は、相手を「闘争モード」に追い込みます。**

世界的なベストセラー『学習する組織』の著者、ピーター・センゲ氏は**「人は変化に抵抗するのではない。変化させられることに抵抗するのだ」**と述べていますが、誰かに「こうしろ」と強制されることを極端に嫌がります。

自由を制限された際に、それに必死で抗《あらが》おうとする**「心理的リアクタンス」**という状態に陥ってしまうのです。

一生懸命に説得すればするほど、相手の反発を招き、逆の行動に導いてしまうことから、心理学では**「ブーメラン効果」**とも呼ばれます。

相手への批判・攻撃・敵愾心《てきがいしん》は自らへの攻撃としてブーメランのように戻ってくる。

つまり、「○○しろ」「○○しないとダメなんだ！」と命令することは、相手の反抗心に火をつけ、逆の行動をとらせるだけの結果になりやすいということです。

「叱る」は人を逃走モードへ追い込む

アメリカの研究によると、ほとんどの従業員が、批判的な評価をする同僚から離れ、より肯定的な評価を与えてくれる人と一緒にいようとするようになったそうです。

まさに「逃走モード」ということですね。


人は他人から批判されることを、極端に嫌がる生き物です。

人類は何万年もの間、群れをつくって生きてきたわけですが、批判される、糾弾されるということは、「その群れから追い出され、生命が危機にさらされるかもしれない」ということを意味します。


人から拒絶されること、叱られることは物理的に「叩かれる」「ぶたれる」ことと同じ。

暴力級のダメージであり、とてつもない恐怖感を植え付けられるということ。

だから、そこから逃げようとするのです。

「叱る」が人の自律・自立を阻む

また、人はもともと自分の聞きたいこと、知りたいこと以外には、耳をふさいでしまう傾向があります。

自分の考えにそぐわない意見、自分を傷つけるような発言に、素直に耳を貸そうなどと思う人はほとんどいません。

つまり、**叱ることは人を「防御モード」へと追い込む**のです。


ですから、暴力や暴言、脅しなどで部下や子どもを屈服させ、「洗脳」するか、あなたがどこかの国の独裁者でもない限り、**人の行動を思い通りにコントロールすることなど不可能**なわけです。

禁止されることが多く、命令に従っているうちに自分で判断や行動をしなくなる**「プリゾニゼーション（刑務所化）」**という現象がありますが、まさに**「叱りつけ」による支**

配は、部下や子どもの考える力、自主性や成長の機会を奪い、人格を壊す最低のやり方です。

こうした負のモードのもとでは、人は積極的に学び、自律的に成長していこうという気持ちにはなれません。

グローバル化、ＩＴ化が進んだ現代においては、ただ盲目的に他人の言うことを聞く「他律的」な人は生き残っていけません。

ちゃんと自分で考え、自分の足で立ち、自分の主張ができる**「自律的」人材を育成するためには、「叱る」はまったく、妥当な方法とは言えない**のです。

「叱る依存」が増えている

このように、**「叱る」などのネガティブなフィードバックは効果がない、意味がないことがあらゆる研究によって証明**されていても、人はなかなか「叱る」ことをやめられません。

「自分も厳しく指導されて、やってきた。叱られて、結果的にはよかった」
「叱られることなしに育つと、批判への耐性がなくなり、ひ弱になる。これからの社会の荒波に耐えられない」
「『怒る』はダメでも、『叱る』は相手のためになる。教育に多少の叱責は必要だ」

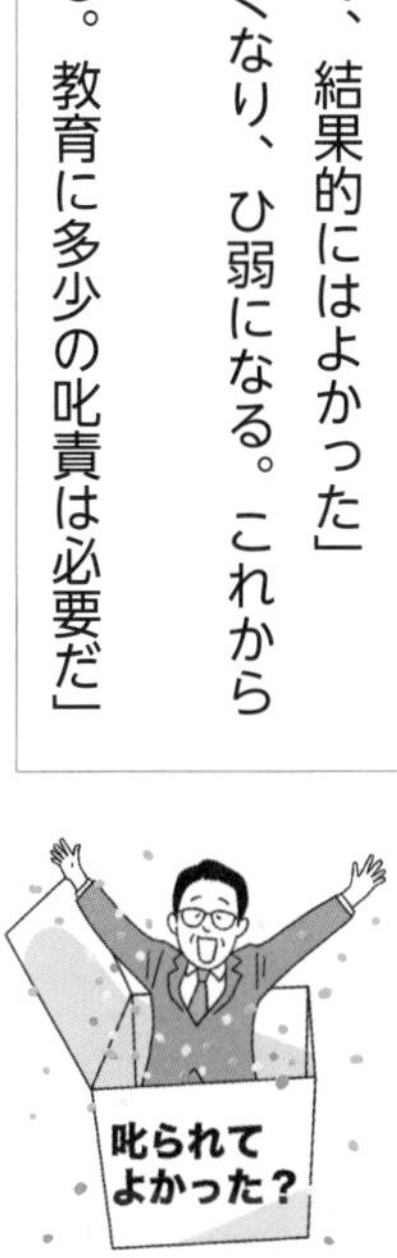

研修でお会いする経営幹部の方々は、よくこのようにおっしゃいます。

「怒られようが叱られようが、強いネガティブ感情が生じる点で、叱られる側の体験に大きな違いはありません」

と臨床心理士の村中直人さんは、著書『〈叱る依存〉がとまらない』の中で述べています。

叱ると、相手が一時的に言うことを聞いたように見せる場面もありますが、それは、相手が心から納得したからではなく、叱られる苦痛や恐怖を回避するための、その場しのぎでしかありません。

しかし、そうした相手の変化を見て、叱る側は「自分の叱責が相手の行動を変えた」

「やっぱり強く言わないとわからないんだ」と錯覚し、「叱る」がエスカレート。

結果的に、**「叱る依存」**に陥ってしまう、と村中さんは分析しています。

人は自分の思い通りに行動してくれない人を「叱りたい、罰したいという『制裁欲求』」を持つ生き物です。

「叱る」とは相手の過ちに「教訓を与える」という利他的行動である、と正当化するかもしれませんが、じつは**「自分の気持ちを晴らす」という利己的な行為**ということはないでしょうか。

度が過ぎれば、それは「いじめ」であり、「虐待」。

過度な「懲罰欲求」には注意が必要です。

「ブラック校則」信仰と表裏一体、「刑務所化」する日本社会

繰り返しますが、叱ることは、相手を「闘争・逃走・防御モード」にし、学ぶ意欲を奪います。

叱られる状態で何かを学び、自分を変えていくことは不可能なのです。

ネガティブなフィードバックは心理的な脅威であり、不安や抑うつにつながります。

「自分を成長させよう、変わろう」というポジティブなマインドセットには結びつきません。

弊害のほうがはるかに大きい「叱る」なのに、「人は叱らないと成長できない」という思い込みを持つ日本人は非常に多いように感じます。

我慢することや、人の言うことを聞き、従順にそれに従うことが美徳とされる同調圧力社会ゆえでしょうか。

「ブラック校則」信仰と表裏一体のような、**「理不尽に耐えてこそ人は成長する」というマゾ幻想が根強い**のです。

しかし、長期にわたって、他人から理不尽な忍耐を強制されると、「何をやっても無駄だ」と感じ、やる気を失う**「学習性無力感」**に陥ってしまいます。

日本社会全体が**「禁止事項だらけ」**になって、まさに**「刑務所化」**し、**「萎縮と忖度」**がはびこり、活力が失われている。そんな現状を鑑みると、人を叱りつけ、押さえつけようとする**ネガティブ優先のコミュニケーションは害悪でしかない**ことは明らか。
大きな方向転換が必要なのです。

「破壊的」から「建設的」へ。「叱る」から「あるべき方向へ導く」へ

主作用より副作用のほうが多い「叱る」ですが、身近な人とのコミュニケーションで、ネガティブな内容を伝え、言動を改めてもらわなければならない場面も多くありますよね。

「ほめてばっかりでいいの？」
そんな声も、よく聞こえてきます。
そんなときには、どうすればいいでしょうか。

私がおすすめするのは「叱る」つまり「咎める」「批判する」「怒る」「否定する」といった**「破壊的（Destructive）フィードバック」**を、間違った行動をきっちりと指摘・指示・指導する、つまり、相手を**あるべき方向へ正しく導く「建設的（Constructive）フィー**

ドバック」へと進化させることです。

縄をつけて引くよりも、のどの渇きを覚えさせる

相手を傷つけたり気分を害したりすることなく、その間違いや修正ポイントを指摘したり、注意を促したりすることは、じつは可能です。

むしろ、喜んで受け入れてくれ、自発的に気持ちよく動いてくれて、成長する。そんな**魔法のような伝え方がある**のです。

私の友人に、ヤフーの社長から東京都の副知事に転身された宮坂学さんという方がいます。

いつもエネルギッシュで、強い言葉力を持つ魅力的な人なのですが、私が「トップIT企業から役所に行って、そのスピード感の違いに戸惑わないか」と尋ねたとき、彼がこんなことを言っていました。

『馬を水飲み場に連れていくことはできても、馬に水を飲ませること

はできない』ということわざがある。馬の首を引っ張って水につけても、意味がない。結局のところ、馬にのどの渇きを覚えてもらうしかないんだよ」

まさに、これが人の動かし方の本質でしょう。

本人にのどの渇きを覚えさせ、動きたいと思わせる。そのために必要なのは、無味乾燥な言葉に、ちょっとだけスパイスと塩を加え、味付けすることかもしれません。

これからお教えするのは、まさに、そんな**言葉の劇的「味変」術**。

いつもの言葉を**「7つの言い換え術」**で変換していくだけで、あら不思議。するするとわだかまりがほどけ、相手の心がほぐれ、信頼が生まれ、関係性がよくなり、労せず動いてくれるようになるのです。

さあ、みなさん、すっかりお腹が空きましたね。

そろそろ、おいしい本題に入ることにしましょう！

第2章

家族、職場、友人、あらゆる場面に使える！

人を動かす「7つの言い換え」の魔法

あらゆる場面に応用できる「SPECIALな魔法」

ここからは、**あらゆる場面に応用できる、超万能な「7つのレシピ」**を詳しく解説していきます。

相手が動かない「叱責」を、相手が動く「指示・指導」に、「説教」を「説得」に進化させる**「言い換えの魔法」**。

ぜひ、みなさんも**フル活用して、人間関係を劇的に改善**していきましょう。

「7つの言い換え」のルールは、下記のとおりです。

❶「大」「抽象」を「小」「具体」に（Small/Specific）
対象範囲が大きくて、抽象的な言葉を、範囲が小さく、個別具体的な言葉に。

❷「命令」を「提案」に（Proposal）
一方的で、高圧的な命令を、相手が気持ちよく動ける提案や問いかけに。

❸「過去」を「未来の選択肢」に（Elect）
過去の行動への叱責を、未来の行動変容を促す言葉に。

❹「なぜなら」を加える（Cause）
「理由」で相手の行動を導き出す。

❺「You」を「I」に
相手を責めるのではなく、自分の気持ちを伝える。

❻「否定」を「肯定」に（Affirm）
ネガティブな言い回しを、ポジティブで行動しやすい言葉に。

❼「嫌い」を「好き」に（Like）
敵視するのではなく、相手の味方、仲間、支援者となり、信頼を得る。

SPECIAL

S	Small/Specific = 小さく ／ 具体的な
P	Proposal = 提案
E	Elect =（未来の）選択をする
C	Cause = 理由
I	I = 私
A	Affirm = 肯定する
L	Like = 好き

それぞれの言葉の英語の頭文字をとって、SPECIALと覚えてください。

この「言い換えの魔法」を使えば、誰もがあなたの、そしてあなた自身も「スペシャル」な人になるはずです！

では、一つひとつ詳しく見ていきましょう。

7つの言い換え ルール1

「大きな言葉」を「小さな言葉」に、「抽象」を「具体」に

範囲を狭めて、行動しやすく

「言葉の画素数」を上げよう

みなさんは日々、部下や子どもや同僚に行動を促そうと、コミュニケーションを図っていますよね。

でも、「響いていないな」「効果がないな」と感じることも少なくないでしょう。

その決定的な原因が、**「相手の頭の中に絵が浮かばない『大きすぎる抽象言葉』を使っている」**ということです。

×

勉強しなさい！
全力を尽くして！
自信を持って！
やる気を出して！
気合を入れて！
集中して！
いい加減にしなさい！

たとえば、こんな言葉をかけられて、具体的にどんな行動をとっていいか、ハッキリとイメージできるでしょうか。

「勉強って、算数？　英語？　全力ってどれぐらい？」

「自信もやる気も気合も簡単に持てるなら苦労しないよ、集中できないから困っているんじゃないか、いい加減ってどの程度？」などとモヤモヤしませんか。

これらの言葉はどれも非常に抽象的で、相手の頭の中にビジュアルなイメージがまったく浮かびません。

このように、言葉の指す範囲が広すぎて、実際に何を指すのかわからない**「抽象的」もしくは「精神論的」な言葉は、その範囲を狭くして、具体的な行動や方法を示す**ほうが、よっぽど伝わります。

ぼやけた映像を、まるで4Kのように、ディテールをくっきり浮かび上がらせ、**「言葉の画素数」を上げる手法**です。

人が動く「具体化」言葉とは？

次のような感じで、言葉を「小さく」「狭く」「具体化」すると、より相手にイメージが伝わりやすく、行動してもらいやすくなります。

子どもに対して

早くしなさい ⬇ 7時15分に靴を履いて玄関から出られる状態にしてくれる？

集中しなさい ⬇ まずは、スマホとパソコンを棚の上に置いてみようか

静かにしなさい ⬇ この時計の針が2を指すまでの間、口を閉じて遊べるかな？

お行儀よくしなさい ⬇ 足を揃えて、両手を膝の上に置いてみようか

ちょっと待って➡あの時計が2時30分になるまで待ってくれる?
ちゃんと座って➡椅子のここにピッタリ、背中をつけて座ってみようか
しっかり持って➡スプーン、ギュッとつかんでみて
もっと手伝いなさい➡お皿を運ぶのを手伝ってもらえないかな?

職場で

ちゃんと準備しておいて➡明日のプレゼン、お客様からの5つの条件がクリアできているか、もう一度、丁寧に確認してもらえる?
徹底的にやって➡ここ1カ月の調査票のデータを、いちから見直してくれる?
早めにお願いします➡明日の正午までにお願いします
スピード感を持って➡1ステージを1日で終わるぐらいのスピード感で
業績を上げて➡10%アップが今月の目標です。10本ならあと1本増やすということです
自信を持って➡自信のある「ふり」、たとえば、肩を広げて、鳥居のように立つ。そんなところから始めてみよう
自分から動け➡顧客リストづくりから始めてみようか

責任感を持って ⬇ ○○さんだからこそ、この大切なプロジェクトを任せたい

アメリカでは、小学生のうちから、「Don't tell, Do show」（ただの言葉で片づけるな、相手の頭の中にくっきりとイメージを浮かばせる言葉を使え）と徹底的に叩き込まれます。

日本人は、「ちゃんと」「しっかり」といった抽象的・精神論的表現が大好きですが、こうした**「心構え」は、頭の中にクリアなイメージが湧く、具体的な「行動」に言い換えたほうが、人は格段に動きやすくなります。**

範囲を絞り込んで、言葉を映像化する

言葉は絞り込むほど、ビビッドに、鮮烈に相手の記憶に映像を残します。

野菜 ⬇ 三浦半島のとれたてキャベツ
山 ⬇ 雪をかぶった真冬の富士山
アイスクリーム ⬇ 新幹線で350円で売っている抹茶アイス

動物⬇和歌山のアドベンチャーワールドのパンダ

どうでしょう？

「抽象的な言葉」を「具体的な言葉」に絞った途端に、絵が浮かぶようになりませんか？

「野菜」「山」「アイスクリーム」「動物」と言われるより、その種類や場所などを限定すれば、あっという間に鮮烈なイメージが浮かびますよね。

私は日本企業のエグゼクティブの話し方の指導をしていますが、そのプレゼンのほとんどが**まったく絵の浮かばない抽象言葉のオンパレード**です。

「実行力」「イノベーション」「価値創造」「技術力」……。

「私たちはさまざまな事業を展開しています」「いろいろな技術を持っています」など、「さまざま」「いろいろ」「たくさん」という言葉も大好きです。

こうした言葉はとにかく伝わりません。

「ヘルスケア領域で創薬など35の事業を展開しています」

「半導体の微細化など、最先端の技術を持つ」

などと言えば、わかりやすくなりますが、抽象的な言葉だけで説明を終わらせてしまうケースがほとんどなのです。


範囲を絞り込んで、「言葉」を映像化する練習をしていきましょう。

「気をつけて」に気をつけて

「気をつけて」

親なら誰でもついつい口にしてしまうこの言葉も、じつは要注意。

これも**「大きな言葉」の代表格**で、何をするべきかピンときませんよね。

また、「危ない」という恐怖心を植え付け、挑戦する気持ちをくじく可能性があります。

安全第一であってはほしいものの、チャレンジも大切。

こういうときはビビらせるよりも、**慎重に、かつ前向きに取り組んでもらう言葉**に変えていきましょう。

×

気をつけて

⬅

○

そこの岩は滑りやすいよ
目の前のことに集中して
ゆっくりでいいのよ

具体的な言葉ほど、相手の頭の中にイメージが湧き、行動しやすくなります。

「ハッピーな未来のシーン」を映し出す

「イメージを湧かせる話し方」ということでいうと、私がお手本として研究しているのが、「通販番組の実演販売士」さんです。

彼ら彼女らが使うテクニックが、**その商品を使ったときのハッピーな未来のシーンを相手の頭の中に描いてあげる**というものです。

- これを使って、お孫さんと簡単にテレビ通話ができますね
- 運動会で、お子さんの徒競走、しっかりとブレずに撮れますよ
- 寒い夜には、家族ですき焼きの鍋を囲んで、ハフハフと

こんな幸せになれる、こんな便利や楽しさが手に入る……。そんなイメージをまるで映写機のように、相手の脳に投射してあげるのです。

これを応用すると、次のような具体的な声掛けになります。

・あと、もうひとつ契約とって、〇〇でお祝いしよう
・今日、あと15分がんばってみよう。一緒に、〇〇競技場でゴールしよう

相手に成功している姿をイメージさせることで、そのやる気やモチベーションを高めていきましょう。

お願いも「大きい」→「小さい」に

何かをお願いするときにも、「大きく」から「小さく」することは効果を発揮します。**まず「大きなお願い」をしてみてから、次に「小さなお願い」をする**のです。

これは**「Door in the face効果」**と言われるもので、断られることを承知のうえで、まず、「大きな要求」をし、そのあとに小さなことをお願いするというテクニック。

人間は、誰かの要求を断ることに対する罪悪感を覚え、それを解消するために、「小さな要求」を呑みやすいのだそうです。

「門前払い」を意味する「shut the door in one's face」が語源だとか。

「明日までにお願い」➡「ムリだよ」➡「じゃあ、明後日までに」➡「わかったよ」
「門限12時でいい?」➡「ダメ」➡「じゃあ、11時で」➡「OK」
「5000円頂戴」➡「ダメ」➡「じゃあ、3000円でいいから」➡「仕方ないなあ」

自分が望む結果を最初から伝えるのではなく、それよりも「大きな要求」をし、結果的に希望通りの条件を手に入れる、というテクニックは、私がハーバード大学ロースクールで教わったメソッドでもあります。

たとえば、**「何か売りたいときに、最初から自分が求める値段を提示するな」**と教わりました。

「1000円で売りたければ、まずは1500円と言え」ということ。

値切りもできない、小心者の私はあまり活用できていないのですが、たしかに効果はありそうです。

コラム

「パリーグ代表」女性後継者を変えた「相手より言葉を絞る」話法

みなさんは「セリーグ」「パリーグ」って知っていますよね。

じつは、この言葉、野球ではなく、職場で使われているってご存じですか？

「セリーグ」は「セクハラ」、パリーグは「パワハラ」という意味です。


私は2022年、次世代リーダーのためのコミュニケーションスクール「世界最高の話し方の学校」を立ち上げました。そこには、「社会を変えていきたい」という意欲を持つ次世代リーダーがたくさん通ってきます。

その授業で、生徒のひとりが、こう声を上げました。

「私は昔、パリーグの堂々、首位打者だったんです」

彼女は、父が創業したある中堅企業に入社し、幹部を務めていました。

かつての彼女は、間違いを犯した部下に、叱りまくっていたそうです。

当時の彼女の叱り方は、感情的になって怒る、あらゆることを責める、とい

うスタイル。それが社内で問題になったこともあり、自分のコミュニケーションを徹底的に見直しました。

たどりついたのが、「指摘する問題を絞り込み、そのポイントだけを修正していく」やり方です。

感情に流され、まるで機関銃のように批判のじゅうたん爆撃をするのではなく、問題の箇所だけに絞り、冷静に伝えることを心がけるようになったところ、部下とのコミュニケーションが、圧倒的に改善しました。

いまや、会社は毎年2桁台の飛躍的成長を遂げており、彼女はいい上司の「首位打者」へと成長しています。

「人」ではなく「問題」にフォーカスする。

「相手を絞る」より「言葉を絞る」ほうが、よっぽど効果的ですよ。

7つの言い換え
ルール2

「命令」を「提案」「お願い」「問いかけ」に変える

「押しつけ」「命令」は百害あって一利なし

上から目線の「命令」を、横から目線の「提案」や「お願い」「問いかけ」に

年功序列社会の日本では年上・目上の人が、下の人に**「命令・指示」**をして、下の人は上の人に従い、**「報告・連絡・相談」（ほうれんそう）**をすべき、というトップダウンのスタイルが基本でした。

しかし、令和の現代、こうした**昭和型は、はっきり言って「超時代遅れ」**です。

人に貴賤はありません。

「上→下」ではなく**「対等な立場」に立ち、相手を尊重するコミュニケーションが、これからのスタンダード**。

上から目線の「命令」を、横から目線の「提案」や「お願い」「問いかけ」に言い換えるだけで、相手はよっぽど動きやすくなります。

たとえば、次のような形で、言い換えていきます。

子どもに対して

早く寝なさい！⬇〇時からベッドで絵本を読もうか

さっさと食べなさい！⬇〇時までに食べ終えられるかな

宿題しなさい！⬇宿題しようか？／いつ宿題する？／どんな宿題が出てる？

片づけなさい！⬇そろそろ、片づけようか？／いつ、片づける？

お風呂に入りなさい！⬇お風呂冷めちゃうから、入ってくれる？

手を洗いなさい！⬇手、洗おうか？

高齢の親に対して

運転やめなさい　➡運転、やめてみたら、どうだろう／運転、やめるのは難しいだろうか／運転しない方法はあるのかな

運転しちゃダメ！

モノをため込んじゃダメ！　➡一緒に手伝うから、どれを残すか選んでみようか

捨てないとダメ！

職場で

絶対遅れるな➡締め切りギリギリにならないようにしたいよね。できそう？

やる気を出せ！➡なんでモチベーションが下がったのか、教えてくれる？

サボるんじゃない！➡どこが難しいんだろう。どうしたらいいかな？

「命令型コミュニケーション」の無力さ

押しつけ型の命令は、相手の反抗心に火をつけ、かえってこじらせてしまうという副作用があるばかりか、子どもや部下が自ら考え、行動する力を奪ってしまいます。

「しつけ」や教育という名目の行き過ぎた支配は、長期的に見て何のメリットもありません。

私が、こうした「命令型コミュニケーション」の無力さに気づかされたのは、反抗心の強い子どもの育児を経験してからでした。

「○○しなさい」という正論スタイルでは、まるで歯が立たなかったのです。

思い起こせば、私が大学受験のときに、2つ下の弟が隣の部屋で、大音量で音楽を聴いていました。

「私が受験生なのを知っているよね。なんで、そんなうるさい音で聴いてんの？　音量を下げなさいよ」

と私は青筋を立てて怒鳴りつけました。

弟は、私をじっと見つめて……、ステレオの音量を上げたのです！

その後は、私がどう怒り狂おうが、お構いなし。

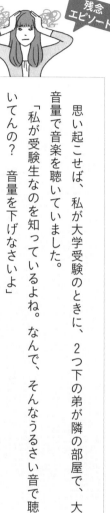

そんな反骨心たっぷりの弟に似たのか、息子も一筋縄ではいきませんでした。

「起きなさい！」と言えば、意地になって、絶対に起きない。

そこで、こんなふうに言ってみました。

「○○くん、おはよう～！ パンケーキができたよ～。食べる～？」

すると、どうでしょう。

いままで、びくともしなかった彼が、むっくりと起きてきたのです。


明らかに「命令」より「提案」のほうが相手の行動を導き出しやすいと実感しました。

選択肢の提示でYesを取り付ける

「提案」方式では、「選択肢をいくつか示す」というやり方も効果があります。

○
○○と××、どちらを最初に片づけちゃおうか？
トイレ掃除とお風呂掃除、どちらをやってもらえる？
ちょっと手伝ってもらいたいんだけど、明日と明後日どちらが都合いい？

こう聞かれると、なかなか「嫌だ」とは言いにくいですよね。

娘に何かを頼まれたとき、「それをやってあげるから、代わりにこれやってくれる？」と言うと、かなりの確率でＯＫがもらえることにも気づきました。

一筋縄ではいかないティーンエージャーとのやりとりの中で、私の交渉力もずいぶん鍛えられた気がします（笑）。

魔法の言葉は「○○○○？」

「ダメじゃない！」「ふざけないで！」「ケンカはやめなさい！」「仲良くしなさい！」「いい加減にしなさい！」

こんな言葉を、ついつい発していないでしょうか。

上から目線で一方的に叱りつけて、相手を自分の思うように操ろうと目論んでも、なかなかうまくいきません。

とくに**相手が感情的になっているときは、なおさら「正論」の押しつけは効き目がないのです。**

そんなときには、相手の気持ちをしっかり聴き、受け止める**「傾聴」で、いったん相手の気持ちを落ち着かせるほうが、よっぽど効果的**です。

私の知人で、20年以上、フリースクールの運営に携わる、社会起業家の白井智子さんは、これまで発達障害などの子も含め、大勢の子どもたちと向き合ってきましたが、「やめなさい！」「ダメ！」などと、いきなり命令することは、あまりないそうです。

その代わりに、使っている魔法の言葉が「どうした？」。

ケンカして、カッカしている子どもたちや、うまくいかなくて、怒っ

ている子どもを、頭ごなしで叱りつけるのではなく、冷静に、こう尋ねるのだそうです。
これであれば、状況の判断ミスも防げますし、感情がぶつかり合う修羅場を避けることができます。

子どもの言い争いのような修羅場では、「どうして、ケンカするの！」とついキレてしまいそうになりがちですが、**「どうして」から「どうした」に、語尾を1文字変えるだけで、受け取る側の印象はずいぶん違います**よね。

私も、ついつい子どもの挑発に乗って、「血みどろののしり合い」を繰り広げたことも多々ありましたが、相手の吹っ掛けるケンカを買って、リングに上った時点で「完敗」。

この教訓を戒めに、まずはぐっと我慢。

それでも、**あまりに腹が立ったら、いったん、その場を離れる手法**でなんとか乗り切りました。

部下の「ほうれんそう」を待つより、問いかけよう

職場でも、一方的に決めつける前に、落ち着いて、

どうした？
最近、仕事はどう？
調子はどう？
心配そうな顔をしているけど、何か困っている？
○○についてどう思う？
○○と思うんだけど、どうかな？
○○について一緒に考えてみようか

などといった声掛けから始めてみてください。

命令や説教より、もしくは、漫然と部下の「ほうれんそう」を待つよりは、**まずは「提案」や「問いかけ」**。このクセをつけていきましょう。

「命令型」は百周遅れ、令和の新しいリーダーシップ像とは

私は、**「たった2時間で話し方を変える『コミュニケーションの家庭教師』」**として、これまで大企業からスタートアップまで、数多くの日本のトップリーダーに伴走してきました。

とくに最近、就任した新社長たちとお話しする中で、気づいたことがあります。

かつてのような**「トップダウン型」「強権型」のリーダーは減り、「対話型」「共感型」のリーダーがとても増えている**のです。

私が記者をしていた20年前には、トップはいつも苦虫をかみつぶしたような気難しい顔をし、エラそうに話す人が本当に多かったものです。そして、日本の企業やスポーツ界には、いまだ「トップダウン型」のリーダー信仰が根強くあるのも事実。

しかし、そうしたリーダーは、社員の自律性を奪い、長期的な組織の成長の芽をつぶしてしまうのが実態です。

時代の寵児ともてはやされたカリスマ社長が独裁者化し、「老害」などと揶揄される状況を見ると、「強権型」はもはや、時代遅れと言わざるを得ません。

一方の「新時代リーダー」はみなさん、「話を聞くこと」や「対話」「チーム」を大事にしています。

まったくエラぶる様子がなく、周囲の人に聞いても、「気さく」「話しやすい」「謙虚」という声が聞こえてきます。

サッカー日本代表の森保一監督や、WBCで日本代表を率いた栗山英樹監督なども、「チーム重視」「全員がリーダー」と口にするように、**「共感・対話型」**のリーダーシップを発揮していましたよね。

「ダルビッシュ（有）さんは**年下の選手にも同じ目線**で話してくれています。そこで僕の意見を言って、またそれに対する意見をもらったりする」

千葉ロッテマリーンズの佐々木朗希投手はこんなコメントをしていましたが、上下関係にこだわらず、フラットにコミュニケーションができるチームだったからこそ、最高の成績を残せたのではないでしょうか。

人に上も下もない。お互いを尊重し合いながら、同じ視座で対話をすることで、チームの力は最大化されるのです。

エラそうにふるまっている、そこのあなた！

いますぐ、その**時代遅れのダサさ**に気づきましょう。

リーダーは「教官型」から「共感型」へ

リーダーは**「強権・教官型」**から**「共感型」**へ。

これはグローバルの流れです。かつてはアメリカでも、アップルのスティーブ・ジョブズやGEのジャック・ウェルチのような「命令・強権型」リーダーが多くいましたが、いまは**社員の納得と自立を導き出す「対話・共感型」が主流**です。

実際に、アップルのティム・クック、マイクロソフトのサティア・ナデラ、グーグルのサンダー・ピチャイなどは、まさに社員に寄り添い、背中を押す「共感」系リーダーの代表格。

イーロン・マスクのような例外もいますが、気がつくと、アメリカの企業リーダーはほとんどが「共感型」にシフトしています。

この潮流が、日本にも押し寄せている、ということなのです。

その背景には、「○○ハラ」などの強権的手法に対する目が厳しくなり、かつてのような「叱責」型コミュニケーションができなくなったこと、情報が氾濫するソーシャルメディア時代に、心に響かない一方通行の「命令型」が通用しなくなっていることなどが挙げられます。

前述した**「心理的安全性」や「エンゲージメント」などを実現するためにも、対話力・共感力がますます重要になってきている**というわけです。

説得したいなら「話すな」

「言えば伝わる」「言わなくても伝わる」神話のもとで、日本ではコミュニケーションの「科学」が発展してきませんでした。

結果的に、多くの誤解や間違ったやり方がまかり通っています。

たとえば、雄弁に、論理的に伝えれば、人の心は動く……。私もかつてはそんな思い込みを持っていました。

しかし、ハーバードロースクールで交渉術・説得術を学んだときに、金づちで頭をぶん殴られたような衝撃を受けたのは、**ペラペラと饒舌で話がうまいことと、説得力はまったく別物**であるということでした。

教えられたのは、「人を動かす、説得したい」と思うのであれば、むしろ「話すな」ということ。

人の心は情報（information）ではなく、感情（emotion）で動きます。

多くの人はロジックやファクト、情報で人を説得できると勘違いしていますが、エラそうに自分の思い込みや正しいと思う情報を垂れ流したところで、相手の気持ちの針はピクリとも振れないのです。

話すより聴く。「対話」で動かす相手の心

ハーバード大学やＦＢＩなどで教えられる説得術は、次の５つのステップから成り

立っています。

ハーバード流説得術

❶アクティブ・リスニング
相手の話をしっかりと聴く。
問いかけ・質問をして訊く。

❷共感
相手の気持ちを理解し、寄り添う言葉をかける。

❸相互信頼
相手から信頼を得る。

❹影響
相手に望む行動をすすめる。

⑤行動変容
相手が行動を変える。

とくに大切なのが最初の2ステップ「①アクティブ・リスニング」と「②共感」。相づちを入れながら、しっかりと話を聴き、質問をして、訊く。そして、相手の気持ちや感情に寄り添い、共感をしてあげる。

「大変だったね」「つらかったね」「しんどかったね」「よくがんばったね」……。

そこで、ようやく心がつながり、信頼を獲得できます。

「信頼」なくして「説得」はないのです。

「言って聞かせる」より「聴いて言わせる」

コミュニケーションの語源は、ラテン語の「communicare」（共有する）という言葉です。

つまり、**一方通行ではなく、双方向**。

人の心を動かしたいと思うのであれば、**「言って聞かせる」のではなく、「聴いて（訊いて）言わせる」が正解です。

なぜなら、自分で考え、口にしたことでなければ、血肉にはならないから。

「こうしろ」「ああしろ」と一方的に告げられて、いやいや行動するのではなく、自ら決断し、動くことで人は成長していきます。

ですから、「命令」よりも「提案」や「問いかけ」を通じた「対話」を、ぜひ優先させてください。

質問ネタに困ったら？
永久保存版「こんなふうに訊いてみよう」集

上司が部下に、親が子どもに問いかけをするとき、どんな質問をしたらいいのかわからないという方のために、コーチングで使われている「GROWモデル」を紹介します。

目標や課題、選択肢などを尋ね、相手に自ら、何をすべきかを考えてもらいます。角度を変えて質問していくことで、相手が自分の中の思考を整理するお手伝いをしていきましょう。

▶永久保存版・問いかけ質問リスト

G Goal	目標	相手の目指す最終地点、ゴール	・あなたの目標は何ですか。 ・いつまでに達成したいですか。 ・この目標を達成することで、あなたにとってどんなメリットがありますか。 ・満足できる状況とはどんなものでしょう。 ・どんなゴールイメージでしょうか。 ・そのための最初の一歩／戦略／解決策は何でしょうか。
R Reality Resources	現実	現時点での課題・現状	・これまでどんな行動をとってきましたか。 ・どれだけの実績をあげましたか。 ・現状はどうでしょうか。
	資源	目標達成のために役立つもの	・誰かの力を借りられますか。 ・何かの力を借りることはできるでしょうか。
O Obstacle Option	障害物	ゴール達成を阻むもの	・何があなたを邪魔していますか? ・どこが難しいのでしょうか。
	オプション	目標達成のための「選択肢」	・これまでにどんな方法がうまくいきましたか。 ・あなたの目標を達成するために、どのような種類の選択肢がありますか。 ・選択肢をリストアップしてみましょう。 ・たとえば、○○○という方法はどうですか。 ・他にどんなことができますか。 ・それぞれのオプションの主な長所と短所は何ですか。
W Will	意志	ゴールに導くためのアクションステップ	・あなたはどのように行動しますか。 ・それぞれの行動をいつから始めますか。 ・いつまでにやりましょうか。 ・あなたは何をすることを約束しますか。

子どもが、部下が話をしてくれない？ そんなときは……

「部下が、子どもがあまり話をしてくれない」

こんなお悩みも、よくお聞きします。

「何を聞いても反応がない」「言葉少なだ」と途方に暮れる人もいらっしゃるでしょう。

おしゃべり好きもいれば、そうでない人もいます。

ただ、口数の少ない人でも、じつは、「話のつぼ」を持っているもの。

そこを押せば、たくさんネタが出てくる「ツボ」であり、ネタの詰まった「壺」でもあります。

子どもや部下が話をしてくれない？

それは、あなたが間違った「ツボ」を押しているからかもしれません。

自分が「話したい話」だけをしていませんか？

彼ら彼女らは、あなたと話したくないというわけではないのです。

あなたのつまらない話を延々と聞かされるのが嫌なだけなのです。

「ど」で始まる質問を活用する

人はみんな、自分がしたい話をしたいのであって、よほど面白くなければ、基本、他人の話などには興味はありません。

あなたの話を聞きたい人はそんなにいないけれど、あなたに話を聞いてほしい人は山のようにいます。

話を聞いてもらうことが嫌いな人はじつは少なく、子どもも部下も、自分の言うことに耳を傾けてもらいたい。

だからこそ、話そうとするよりも、**相手が話したい、話しやすいネタ、つまり「話のつぼ」のありかを、質問や問いかけをしながら探していけばいい**のです。

そのために、前著『世界最高の雑談力』で紹介した**「ど」（5W1H「どんな」「どうして」「どこ」）で始まる質問を活用**してみてください。

最近、どんな楽しいことがあった？

最近、調子はどう？
どんな〇〇が好きなの？
どんなことに興味があるの？
どうして、それが好きなの？

ＷＢＣで話題になったラーズ・ヌートバー選手のお母さん、久美子さんは、いつも、**「今日、学校で一番楽しかったこと（high）は？　つまらなかったこと（low）は？」**と質問していたそうです。

趣味や推し活、スポーツ、ゲーム、友達の話……。

相手のスイッチが入るトピックスは、必ずどこかにあるはずです。

話を引き出すには**タイミングも大切**です。

よく観察し、**「あっ、いま話したそうだな」という気持ちを読み取るセンサーの感度**を上げておきましょう。

アドバイスは「する」より「もらう」ほうが得

みなさんは「教え魔」という言葉を知っていますか？

ボウリング場などで、頼まれてもいないのに、一生懸命、教えようとする人のことを指す言葉です。釣り、テニス、ゴルフなど、いろんな場面に生息しているそうですが、あなたも、じつは「教え魔」になっている可能性があります。

「私は、年上だし、経験もしているから、部下や子どもに教えてやる立場である」そう思い込んではいないでしょうか。

人は「教え魔」になりやすいものです。

2018年に発表された海外の共同研究によれば、アドバイスをするという行為によって、相手の行動に影響を及ぼすことで、「自分が強い力を持つ」と錯覚してしまうからだそうです。

しかし、そうした「アドバイス」は、「ありがた迷惑」であるケースも少なくありません。

じつは「教えてあげよう」より「教えてください」と言うほうが、人生はうん十倍、得をします。

コミュニケーション研究家の私が、**「人生最強の一言」**として、みなさんにおすすめしているフレーズ。

それが**「アドバイスをいただけますか」**なのです。

人は「助けてあげた人」に好意を持つ

なぜなのでしょうか。

心理学的に、人は**「助けてあげた人」に好意を持つ**ものということがわかっています。

だから、上手に助けてもらえるように仕向ければいい。

その際に、「お金をください」などではなく、「教えてください」と頼めば、相手はそれほど苦もなく、あなたを助けてあげることができますよね。お金もかかりません。

ほんの数分から10分、話をしてあげるだけで人助けができるのですから、相手もいい気持ちになります。

「人にリスペクトされている」という感覚を嬉しく思わない人はいないでしょう。

コラム

人を動かす「ベン・フランクリン効果」とは？

アメリカの物理学者で、政治家でもあったベンジャミン・フランクリンが、あるとき、因縁のライバルに「本を貸してくれないか？」と頼みました。すると、嫌がられるどころか、逆に相手の態度が改善し、関係性がよくなったそうです。

このエピソードから、「人は誰かを助けてあげるとその人に好意を持つ」という心理的効果を「ベン・フランクリン効果」と呼ぶようになりました。

「アドバイスを求めればカネが得られる。カネを求めれば、アドバイスが得られる」

こんな格言も、じつに真実味があるのです。

子どもに、部下に、教えてもらおう

「アドバイスを求める」という方法は、相手に好意を持ってもらう、とても簡単で有効な方法です。

〇〇が苦手なんです。アドバイスもらえませんか？
このやり方、教えてもらえないかな？

上司が部下に、親が子に。

「教えてやる」より**「教えてもらう」**ことで、**コミュニケーションはうんと円滑**になります。

何かを学ぶとき、人は何かをただ聞くだけより、誰かに教えることでぐっと習得率を上げることができます。

だから、**わざと子どもや部下に教えさせてみる**のです。

○ ママに教えてくれる？
ちょっと、ここのところを解説してもらえますか？

こうやって問いかけをすれば、得意げに話をし、心を開いてくれるばかりでなく、相手の学びにもつながるというわけです。

人は多くの場合、自分で答えを持っている

親が子に、上司が部下に、友達に、ついつい説教したり、アドバイスを押しつけたりしてしまう。それは、人として「誰かの役に立ちたい」「認められたい」という根源的な欲求のあらわれと言えるかもしれません。

しかし、**あなたの正解は、ほかの誰かの正解ではない**ことを胸に刻んでおく必要があります。

多くの場合、人は自分なりの何らかの正解を持っている。それを確かめたい、後押し

してほしいと相談してくる場合も多いのです。

たとえば、次のように、妻が機嫌を損ねるというケース。

妻　どうしようかなあ。部下と〇〇でもめていて
夫　それは、□□すればいいんじゃないの?
妻　別にあなたに、そんなアドバイスを頼んだ覚えはないけど（怒）

ケンブリッジ大学のサイモン・バロン＝コーエン教授は**「女性は共感しやすく、男性はシステム化しやすい」**という説を唱えています。

女性はコミュニケーションを「目的」とし、共感に重きを置く一方で、**男性はコミュニケーションを仕事などの目的を達成する「手段」ととらえ、何らかの「解」を導き出そうとする**というのです。

「別にアドバイスなどいらない」「共感してほしい」「励ましてほしい」という人も少なくないのに、ついつい、上から目線で、自分の「解決策」を押しつけてしまう。

こうならないように、注意しなければなりません。

自分の正解を押しつけるより、**問いかけや傾聴によって、相手が自分で正解を引き出すサポート**をする。**自分が話すより、話させる。答えを与えてしまうより、考えさせる。**

意見を押しつけ、諭すよりも、**相手の話をじっくりと聞いてあげる中で、相手が自ら解決策を見つけたり、納得するお手伝いをしてあげたりするほうが、はるかに効果的**です。

実際にアメリカの研究によれば、アドバイスを受けるより、ただ話を聞いてもらうほうが、「自分を理解してもらった」と感じたそうです。

もちろん、業務のやり方やアプリやソフトの使い方といった単純なノウハウは、どんどん丁寧に教えてあげてください。

ただ、もっと本質的な考え方や行動については、**「言って聞かせる」より「聴いて言わせる」ほうが、よほど教育効果は高い**のです。

7つの言い換え ルール3

「過去」を「未来」の選択肢に変える

過去よりも現在よりも未来の話をしよう

「なぜ、〇〇したの？」質問の危険性

×

なんで、そんなことしたの？
どうして、やったの？

子どもが、部下が何か間違いをしたときに、ついつい、こんなふうに相手に問い詰めてしまうことはないでしょうか。

その理由をきちんと突き止めて、二度とそんな間違いを犯さないようにしてもらうために、と出てしまう言葉ですよね。

ただ、そう言ったところで、相手からは、ろくな答えが返ってこないケースが多いものです。

❌
なんで、宿題しないの!
なんで、ゲームばっかりするの!
なんで、提出が遅れたの!

こんな質問を投げかけても、相手はモゴモゴ言って答えない、その場を取り繕う答えでごまかすだけ。

真剣にその理由を考えて、正直に答えたり、反省したりしてくれることなど、そんなにありません。

問いかける側も、「なんで?」「どうして?」と質問しているようで、じつは心の中では、お前はなんで宿題やらんのだ。バカ！
ゲームばっかりしているんじゃねえ。アホ！
遅れて提出なんて言語道断だ。マヌケ！

と、ただ「糾弾」しているケースがほとんどです。

論争は3つの種類に分かれる

基本、「過去の行動」を糾弾しても、相手の行動を変えるのは難しいものです。

それより、**「未来の行動」にフォーカスしたほうが、じつは効果的**です。

コミュニケーション学の始祖ともいえる古代ギリシャの哲学者アリストテレスは、論争には3つの種類しかないと言いました。

❶非難（Blame）

「非難」は、過去の行動を批判し、叱責することです。

・トイレットペーパーを補充してくれなかったよね
・宿題を忘れたよね
・遅刻したよね

❷価値観（Value）

「価値観」は、現在の自分や相手の考えや信念・主義について、その是非を論じることです。

・神を信じるか
・ワクチンは安全か

❸選択（Choice）

そして「選択」は、未来の行動を選び取るための対話です。

・これから、トイレットペーパーは補充してほしいな
・今日午後3時までに提出してもらえる？

つまり、

❶非難（Blame）＝過去
❷価値観（Value）＝現在
❸選択（Choice）＝未来

と置き換えられるわけですが、「過去の過ち」はいまさら変えられませんし、人の価値観というものもなかなか変えられるものではありません。

人を動かしたいのであれば、**話の「時制」を未来に移し、「これからの行動」を選び取ってもらったほうが、効果が高い**ということなのです。

同じ間違いばかりするよね➡どこが難しい？ 一緒に解決策を考えてみようか？
こぼしちゃ、ダメじゃない！➡コップはしっかりギュッと持ってみようね
なんで、こんな成績とったのよ？➡今度の中間テストは何点を目指そうか。そのために何をしようか？
なんで遅れたのか➡これから、遅刻をなくすにはどうしたらいいだろう
何度言ったらいいの？➡これから、どうしたらいいと思う？

なぜ、知らせてくれなかったの？ ⬇ 心配するから、これからは連絡してほしいな
なんでこんなことしたのよ ⬇ これから同じことが起きないように、どうしたらいいか考えてみようか
なんでいつも、そんなことができないの ⬇ 何か問題があれば、教えてほしい。一緒にやってみよう

とくに、子どものシンプルなミスに目くじらを立て、口うるさくののしったところで、反省するわけでも、同じ間違いを繰り返さないわけでもありません。

「過去形」は「未来形」に、「糾弾」は「アクションワード」に言い換えるよう心掛けてみましょう。

「前向き」思考のすすめ

英語圏では、職場でのコミュニケーションには**「フィードバック」**という手法がよく使われます。

過去の行動を振り返り、よかった点や問題点、改善すべき点を提示するやり方です。

よかった点を指摘したり、ほめたりすることを**「ポジティブフィードバック」**、悪い点を指摘し、改善を促すことを**「ネガティブフィードバック」**と言いますが、そもそも、この**「フィードバック」そのものに効き目がない**という説もあります。

これまでにも何度か説明しているとおり、人は批判的なフィードバックをなかなか受け入れようとしないからです。

そこで、注目されるのが、過去の行動や現状にフォーカスを当てるのではなく、あくまでも**将来や未来に視点を向ける「フィードフォワード」という手法**です。

「バック」(後ろ)ではなく、「フォワード」(前)に目を向けようという考え方で、過去を叱責するよりは、どういった行動が望ましいのか、ダメなのかをクリアに伝えます。

◯

〇〇だけは絶対NG。今後、ここはとくに覚えておいてほしい
〇〇〇という行動をとってほしい
〇〇〇という目標を達成するために、どのような行動が必要だろう
これから、〇〇〇などを学んでもらいたい

〇〇〇という考え方が大切なんだけれど、どう思う?

話の時制を「未来」にワープさせるだけで、気持ちはもっと前向きになっていきます。

7つの言い換え ルール4

「なぜなら」を加える

人を動かしたいのなら、理由を述べよ

説得力をグーンとパワーアップさせる「なぜならば」

これまで、ちょっとしたアレンジで、言葉をぐんとパワーアップさせる方法をお教え

してきましたが、「あるスパイス」を加えるだけで、いっきに言葉がおいしくなります。

それが、**「なぜならば（because）」**。

何かお願いをする、指示するときに、**「理由」を説明するだけで、説得力があっという間に上がる**のです。


早く食べて！⬇早く食べてくれると助かる。（なぜならば）ママ、8時3分の電車に乗らないと、会社に遅れて、怒られてしまうから

遅刻しないでもらいたい⬇遅刻しないようにお願いしたい。（なぜなら）お客様に迷惑がかかってしまうからね。昨日のお客様は大変なお怒りだったよ

もっとがんばらないとダメじゃない！⬇数学で10点、国語であと5点上げたいね。（なぜなら）この成績だとC判定。合格するにはどうしてもBランクに上げておきたいものね

お小遣い上げて⬇お小遣い上げてもらえないだろうか。せめて今月。（なぜなら）今月は、結婚式が2回、部下の送別会もあるんだよ

以前、私がニューヨークに住んでいたときに、印象的なホームレスの男性に出会いました。

アメリカのホームレスといえば、道端で、小銭を入れた大きめのプラスチックカップをジャラジャラと鳴らして、「小銭を恵んで」とお願いする人がほとんどなのですが、この男性は違っていました。年のころは50代ぐらいでしょうか。

顔に刻まれたしわと白髪混じりの短髪、無精ひげ、1本の杖を支えにし、足を引きずりながら歩く様子に、これまでの苦労がにじみ出ていました。

地下鉄に乗り込んでくると、しゃがれた声で、こう話しはじめました。

「みなさん、私をみじめな、情けない、よくいるホームレスだとお思いでしょう。でも、私も少し前までは軍人をしていました。お国のために一生懸命働いていたのです。しかし、治療が難しい骨の病気にかかってしまいました。いまはこうして、歩くこともままなりません。生きていくためにはお金が必要なんです。恵んでくれないでしょうか」

車内は一瞬、静まり返り、座っていた人までが次々と立ち上がって、彼のカップに、お金を入れていきました。


私がこれまで見たこともないレベルの「動員力」「集金力」。

「お金を恵んであげないと」と思わせてしまう差し迫った「理由」が、人を行動へと駆り立てたのです。

なぜ、人は「なぜならば」に弱いのか

なぜ、人は「なぜならば」で心を動かされるのか。

それは、基本、**人は「変化に抗う生き物」**だからです。

何か新しいこと、いつもと違うことをすることに抵抗感を覚えるわけですが、**「理由」は行動を変化させる「刺激剤」「触媒」となる**のです。

「なぜならば」のスーパーパワーを実証する面白い実験があります。

ハーバード大学のエレン・ランガー心理学教授が1978年に行った有名な研究で、コピー機の前に並ぶ人たちに対して、先にコピーをさせてもらえないかを頼むというものでした。

研究参加者は、列に並んでいる人たちに、3つの質問をしました。

質問1　すみません、5ページあります。コピー機を使ってもいいですか?

質問2　すみません、5ページあります。コピーをとらなければならないので、コピー機を使わせてもらえませんか?

質問3　すみません、5ページあります。急いでいるので、コピー機を使ってもいいですか?

「はい」と答えてくれた人の割合は質問1が60%、質問2では93%、質問3では94%でした。

理由を説明すると、承諾率がいっきに上がるということですが、興味深いのは、質問

2のように、**あまり意味のない理由でも、説得力は高い**ということです。

人を、あっという間に行動に駆り立てる**「○○なので」「なぜならば」マジック**。

これを使わない手はありませんね！

「なぜ」の力を飛躍的に高める「ストーリー」

先ほどのホームレスの話でもわかるように、人は「誰かの話」が大好きです。

古代から、人類は「ストーリー」を強力な伝承ツールとして活用してきました。

昔話、おとぎ話、聖書……。身近な誰かが、失敗をし、成功をするストーリーを通じて、大切な教訓を語り継いできたのです。

優れたリーダーは「説教」ではなく「物語」で人を魅了します。

人は、誰かの話には、まるで、その出来事が自分の身に起きたような没入感を覚えます。

ただ、気をつけなければならないのは、親や上司が自らの話をすると、「自慢話」に聞こえたり、話を押しつけているように聞こえたりしてしまうことです。
そんなときは、「ほかの誰かの話」にしてしまいましょう。

◎

僕の父にね、ある日、こんなことを言われたんだ
私の中学時代の友人にこんな人がいた
小学校のとき、社会科の先生が……
入社したばかりのときの上司がね

どうですか？　もっと聞いてみたくなりますよね。
「誰かの話」が「聞くべき理由」となり、説得力がぐんと上がります。
つまらない当たり前の精神論より、ずっと目を輝かせて耳を傾けてもらえるはずです。

「残りわずか」を活用しよう

もうひとつ、心を動かすテクニックを紹介しましょう。
それは、**「緊急性」と「希少性」をアピールする**ことです。

◎ **あと1日しか、時間がない。だから、手伝ってもらえない?**
あとひとり集まれば、なんとか開催できる。だから、参加してもらえない?
あと1個売れれば、完売です。いかがですか?

こんなふうに、「期限」や「緊急性」を示されると、時間が限られているという**「希少性の焦り」**と、間に合わなかった結果を想像することによる**「緊張感」**が生まれます。
投げかけられた提案に対して、反対意見や反論を考える時間が限られるため、即、返答したり行動に出たりする可能性が高くなるというわけです。

「ストーリー」「緊急性」と**「希少性」**。

この3つの「理由」を活用して、「説教」を「説得」へと変えていきましょう。

7つの言い換え ルール5

「You」を「I」に変える

「いつもあなたは」は悪魔の言葉。「You areトーク」を「I feelトーク」に

「あなたはいつも」でダメ出しをしていませんか？

「あなたって、いつも」「あなたは絶対……」
この言葉が口癖になっている人はいないでしょうか？

✕

あなたって、いつも、ダメよね
絶対、怠けるよね
本当にだらしないよね

こうした決めつけは、まったく奮起させる効果がないばかりでなく、相手を傷つけ、その自信や自己肯定感を下げてしまう**「悪魔の言葉」**です。

食べるものが、あなたの身体をつくるように、話す言葉があなたの、そして相手の心をつくります。

これらの「悪魔の言葉」は、相手をますますその言葉通りの人へと追い込んでいきます。

だからこそ、なるべくポジティブな表現を使ったほうがいいのです。

こうした「決めつけ」を回避する方法として威力を発揮するのが、**主語を「You」から「I」に置き換え、「You areトーク」を「I feel（felt）トーク」に転換する**やり方です。

「あなたはXX」から「私は〇〇と感じる（た）」に変えていくのです。

✕

あなたはいつも××してくれない
あなたはそもそも、××ばかりするよね

こうした言い方を、

〇

私は〇〇くんが××してくれなかったことを、とても残念に思う
私は〇〇さんが××したことをとても悲しく思った

と言い換えていくのです。

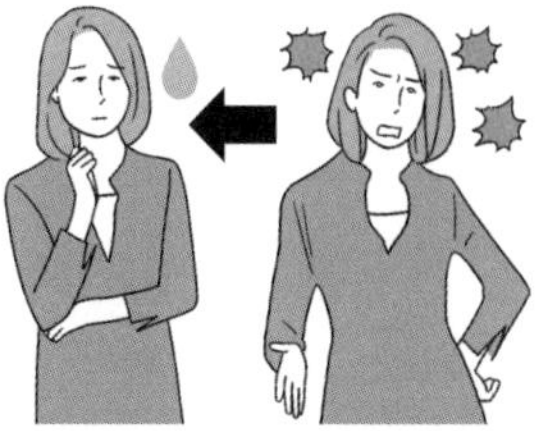

こんな「Youトーク」が危険です

この批判的な「Ｙｏｕトーク」が夫婦の会話などに頻繁に登場するときは要注意です。

（あなたは）私の気持ちなんてちっともわからないよね

✕

（あなたは）いつも自分の都合ばかり優先させるじゃない
（あなたは）「連絡して」って言っているのに、いつもしてくれないよね
（あなたは）話をきちんと聞いてくれないよね
（あなたは）家事もまったくやろうとしないよね
（あなたは）仕事のことしか頭にないよね
なんで、いつも（あなたは）靴下を脱ぎっぱなしなわけ？
なんで、（あなたは）いつも帰るのが遅いの？

こんな感じで、非難のじゅうたん爆撃が続けば、関係性はどんどん悪化してしまうでしょう。

「You are（あなたは〇〇）トーク」を「I feel（あなたの行動で私はこんな気持ちになった）トーク」に。

これによって、人全体を攻撃するのではなく、人の行動に焦点を当てて、どこが問題だったのかを相手にわかってもらうのです。

「I feel」に続くおすすめの言葉

「I feel」のあとには、

つらい
悲しい
困った
苦しい
心配だ
寂しい
不安になる
嬉しい
ありがたい

などと続けましょう。

先述の「Ｙｏｕトーク」を「Ｉトーク」に変えると、こんな感じになります。

○

私の気持ちをわかってもらえたら、（私は）とても嬉しいんだけどな
私の都合も聞いてくれたら、（私は）とてもありがたい
連絡をくれないと、（私は）とても心配になる
話をきちんと聞いてくれないと、（私は）とても悲しい
家事を分担してくれないと、（私は）とてもつらい
仕事が忙しいのはわかるけれど、（私は）とても苦しい
靴下をいちいち拾うのって、（私には）かなり大変でストレスなんだよね
早く帰ってきてもらえると、（私は）嬉しいのだけれど

どうでしょうか？

こうであれば、批判のトーンが薄まり、お互いの感情もエスカレートしにくいですよね。

「期待感」と「失望感」をセットで伝える

そのほかにも効果的な言葉があります。

惜しい！
もうちょっとだね
まだ、もう少し
残念だ
がっかりした

とくに**「残念」「がっかり」は相手への期待感を同時に伝える**ことになるので、恐怖、心配、不安、怒り、フラストレーションといった感情を伝えるよりも効果的なのだそうです。

「これから言うことは、私が君に期待をしているからなんだ。そしてそれに応えてくれると信じている」

と前置きして、指摘をしたところ、フィードバックの効果が4割上がった、という実験もあります。

「期待感」と「失望感」はセットで伝えるといいということです。

> この「I feelトーク」は、私の息子にも試しましたが、たしかに効きました。
>
> 「だからあんたはダメなのよ！（怒）」
>
> と叫ぶ代わりに、
>
> 「『今度こそ』と期待していたのに、とっても残念。ママは悲しいわ」
>
> と目を伏せてみる。「ごめんね」と言ってくる確率は、がぜん上がりました。

「あなたを信頼し、期待している」

「もう少しだけがんばれば、ゴールに到達できる！」

そういったイメージを湧かせて、やる気を刺激してみましょう。

「Ｉトーク」に必要な３つの要素とは？

この「Ｉトーク」については、さまざまな学術的実験で、その有効性が実証されています。

たとえば、アメリカの心理学者らのある研究では、ティーンエージャーに対する**「〝あなた〟×非難」**は、最も強い敵対心を呼び起こす反面、行動を喚起するという点では最も効果がないことがわかりました。

一方で、**「〝私〟×悲しんでいる気持ち」**という発言は、敵対心を弱め、高い行動喚起傾向があることが示されました。

この「I feel」メッセージの有効性を最初に提示したのは、アメリカの心理学者で、カウンセリングの大家として知られるカール・ロジャーズの弟子であるトーマス・ゴードンと考えられています。

「ゴードンモデル」によれば、この「I feel」話法には3つの要素が含まれている必要があるそうです。

❶「改めてほしい」「許せない」と感じる相手の行動
❷自分の気持ち
❸相手の行動が自分に与えた具体的な影響

「連絡をくれなかったので、私は、とても困った。そのあと、重要な打ち合わせに遅れてしまったんだよ」といった感じで伝えてみましょう。

こんな「I トーク」は要注意

自分の気持ちを伝える「I トーク」は、相手への批判の言い換えとしては、非常に有効ですが、別の場面での多用は危険です。

✕ 私の場合はこうだった
私ならこうする

といった成功談、経験談、武勇伝の「Ｉトーク」には気をつけましょう。

上司や親はとくに知らず知らずのうちに、自分の価値観を押しつけやすいので、要注意です。

「会話泥棒」にならないで！

雑談・会話においては、**人が話をしているのに、自分の話についつい持っていってしまう「会話泥棒」**もたくさんいます。

✕ Aさん　私、先週末、温泉に行ってきたんだよね
Bさん　あっ、私も最近行った。私が行ったのはね……

この場合、Bさんは完全に「会話泥棒」になってしまっていますね。

「どこの?」「どうだった?」と質問を続けるべきでした。
私を主人公にして、**延々と話を独占する「Iトーク」にならない**ように、気をつけてください ね。

7つの言い換え ルール6

「否定」を「肯定」に変える

「象のことを考えるな」は逆効果

「〇〇するな」は要注意

「ピンクの象のことを考えるな！」

こう言われて、象のイメージが頭に浮かばない人はいませんよね。

「○○するな」という表現は、逆にそのことに意識を集中させやすくします。

ハーバード大学の心理学教授だったダニエル・ウェグナー氏は「何かを考えないように努力すればするほど、かえってそのことが頭から離れなくなる」という**「皮肉過程理論」**を提唱しました。

彼はある実験を行いました。
3つのグループにシロクマの映像を見せる。その後、
Aグループの参加者には「シロクマのことを覚えておくように」と言う。
Bグループの参加者には「シロクマのことを考えても考えなくてもいい」と言う。
Cグループの参加者には「シロクマのことだけは絶対に考えないでください」と言う。
さて、この実験で、最も映像について覚えていたのは、どのグループだったでしょう？

そう、じつは「考えないで」と言われたCグループだったのです。

「考えてはいけない」という指令を守ろうとして、逆に、何度も思い出してしまうという結果になってしまいました。

ネガティブワードはポジティブワードに置き換える

同様に、

×

緊張しないで
焦らないで
絶対、ミスしないで
失敗しないで

といった言葉は注意が必要です。「緊張」「焦る」「ミスする」「失敗」という否定的な言葉にとらわれてしまい、萎縮してしまいますよね。

私は、企業幹部のメディア対応を指南する「メディアトレーニング」の仕事もしていますが、その中で、お教えしているのが、**「ネガティブワード」に引きずられるな!**ということ。

たとえば、メディアに「それは**故意**なんでしょうか」「**組織的犯行**ですか」などと問われても、「故意ではありません」「組織的犯行ではありません」などと答えてはいけない、ということです。

「ネガティブワード」を否定しても、ポジティブにはならず、聞いた側の頭には「ネガティブ」な印象だけが残ってしまいます。

「故意ではありません」⬇「最善の努力をしてきました」
「危険ではありません」⬇「安全性に考慮しています」
「組織的犯行ではありません」⬇「そういった認識はしておりません」

などと**できるだけ「ネガティブワード」は「ポジティブワード」に置き換えていく**よう、おすすめしています。

「○○するな」「○○しちゃダメ！」より、うんと効果がある伝え方

✕

○○するな
○○しちゃダメ！

こういったネガティブ志向の言葉は、まず**人を萎縮させる**可能性があります。

前述したように、人は非難や叱責をされると、「闘争モード」か「逃走・防御モード」になり、学ぶ意欲を失います。

もうひとつの問題は、「○○してはダメ」と言われても、その代わりに**具体的に何をすればいいのかがわかりにくい**ことです。

行動を制約したり禁止したりするより、「ポジティブな言葉」で代替え行動を示し、イメージさせるほうが、人は動きやすくなります。

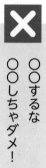

子どもに対して

ケンカしないで ⬇ ひとりずつ、言い分を聞いてみようか
叩いちゃダメ ⬇ そーっと撫でてみようか
走っちゃダメ ⬇ カピバラのスピードで歩いてみようか
触らないで ⬇ まず、よく見て、観察してみよう
宿題しないと、ゲームはなしよ ⬇ ゲームは、宿題のあとね

職場で

失敗しないで ⬇ 成功している姿をイメージしてみて
緊張しないで ⬇ 深呼吸してみようか。いい感じ！
ミスしないで ⬇ もう一度、マニュアル通りか確認してみようか
焦らないで ⬇ のんびりいこうよ
仕事が雑なんだよ ⬇ ここをもう少しきれいにできるといいね
なんで○○をやらないの？ ⬇ ○○してくれると助かるな
まだできないの？ ⬇ あとどれぐらいでできるだろう
なんでできないの？ ⬇ ○○できるかな、○○したほうがいいね

といったような感じです。

もちろん、危ない行動を即刻止めなければならないときなどに、「××しないで！」「××をやめなさい！」と伝えなければならない場面もあるでしょう。

「まったく使うな！」ということではありません。

ただ、「あれもダメ」「これもダメ」というネガティブ言葉を多用するよりは、**「〇〇してくれる？」「〇〇してみようか」というポジティブな表現のほうが、やる気は刺激しやすい**はずです。

「ダメ出し」を撲滅する「Yes and」話法

「上司や親の仕事はダメ出し」と信じ込んでいるような人はまわりにいませんか？

部下のアイディアや発言に、「でも」「だけど」「いや」という言葉がまず出てくる人は危険です。

「相手が気づいていない盲点を指摘してあげないと」という意識で、全力否定モードに入ってしまう。

それを繰り返していくと、部下も子どもも、すっかりやる気を失ってしまいます。

アメリカでコミュニケーション修業をした私が、コミュニケーションの脊髄反射力を養いたいと通ったのが、「Improv」という即興劇のクラスでした。

相手が何か言ったら、そこにコメントをのせていく形で、ピンポンのように対話を続けながら、ストーリーにしていくというものです。

ストーリーを発展させていくための絶対ルールが、「Yes and」という話し方です。

相手が何を言っても「そうですね、それと……」と肯定して続けていくのです。

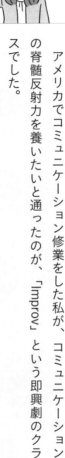

よく、やってしまうのが、「Ｎｏ」（ダメ）、もしくは「Yes, but」（そうですね。でも）というスタイル。

これでは、話は進みませんし、対話になりません。

間違っているよ ⬇ そういう考え方もあるかもしれないね。たとえば、もうひとつ、こういう可能性はないだろうか

全然ダメだよ ⬇ そうなんだね。こうすると、もっとよくなるんじゃないかな

頭ごなしに否定し、相手を思考停止にしてしまうより、**ポジティブな言葉がけで、相手が自分で解答を見つけられるように導いてあげるほうが、よほど効果的**です。

「ポジティブトーク」の威力

「小さいころの思い出は何ですか？」

私は講演などで、参加者によく問いかけます。

みなさん、怖かったこと、楽しかったことなど、いろいろな思い出を語ってくださる

のですが、よく出てくるのが**「先生にほめられて嬉しかった」**という話です。

何十年も前に、先生に「歌がうまいね」「字がうまいね」などとほめられたことを、みなさんよく覚えているのです。

そうした**ポジティブな言葉が、人生を変えた、支えになった**という人もいました。

誰かが自分のことをよく見てくれていた、認めてくれたことが励みになった。そんな経験をした人は少なくないでしょう。

コップに半分、水が入っているのを見て、「もう半分しかない」という言い方と、「まだ半分もある」という言い方があるように、**まったく同じ事象でも、言い方によって、モチベーションが下がる場合と上がる場合があります**よね。

つまらないね ⬇ ちょっと工夫すると、さらに面白くなるんじゃないかな

××してはダメ ⬇ ○○したらもっとよくなる

どうせ、できない ⬇ なんとか、できる!

まだまだダメ ⬇ 伸びしろがあるね

絶対ムリ➡なんとかなる
努力が足りなかった➡あともう一歩だね
つまらないものですが➡〇〇さんのために一生懸命、選んでみました

できなかったことより、できたことに注目する。足りないものより、これから足せるものに目を向ける。傷つける言葉より、癒やし励ます言葉に。

また、たとえば、上司に仕事を頼まれた場面で、どうしても断らなければいけないときも、言葉のポジ転で、相手の気分を害することなく伝えることができます。

できません➡いまちょっと立て込んでいるので、時間ができたらお手伝いしたいです

人に対して、自分に対して、ポジティブな言葉をプレゼントしていきましょう!

7つの言い換え ルール7

3つの「すき」で、敵を味方に

信頼を得るマインドセットとは

すぐに、気持ちを込めて

「7つの言い換え」ルール、最後のひとつは根っこにあるマインドのお話です。

相手に信頼され、愛され、心が通じ合うようになるには、言葉だけではなく、マインドも大きく変えていく必要があります。

そのカギを握るのが**3つの「すき」**。

ひとつめは**「すぐに、気持ちを込めて」**の頭文字をとった**「すき」**になります。

★すぐに

コミュニケーションはタイミングが大切です。

何か行動を改めてほしいことがあるときには、**問題発生直後、なるべく早く、手短に伝えたほうが、言葉と行動を紐づけしやすく**なります。

犬が何か悪いことをしたときに、3カ月後に「あのときは」と説教する人はいないでしょう。

行動に問題があることを瞬時に理解してもらうには、タイミングを置かずに、フィードバックをしたほうが効果的。

「3カ月に一度の1 on 1ミーティングの席で指摘しよう」などと思ってはいけません。

コミュニケーションは、頻度と鮮度が命なのです。

★気持ちを込めて

「何を言うのか」（言葉、コンテンツ）

「どのように言うのか」（ジェスチャー、表情などのボディランゲージ）

この2つの要素がコミュニケーションでは大切ですが、そこに**「パッションや感情、**

エネルギー、気持ち」をいかにのせていくかがポイントになります。

どんなに言葉を工夫しても、ジェスチャーを入れても、気持ちがなければ、ちっとも伝わりません。

感情のこもらない言葉は伝わりにくく、気合や元気、気持ちなどの**「気」「エネルギー」こそが人を動かす**のです。

「がんばって」というシンプルな言葉も、おざなりに言うのと、「がんばってね!!」と熱く気持ちを込めて伝えるのとでは、伝わり方はまったく違ってきます。

「応援しているよ」「心配しているよ」「残念だな」「がんばっているよね」「嬉しかった」……。

こういった言葉を何の感情も込めずに発していないでしょうか。

言葉には「本物の気持ち」をのせてください。

「すぐに、気持ちを込めて」

これがひとつめの「すき」です。

まずは、「味方」認定されよう

2つめの「すき」は、文字通りの**「好き」**です。

コミュニケーションの研究を長年していて気づくのは、**人の根本的な部分は、群れをつくり、狩りをしていた古代から変わっていない**ということです。

まさに、人として生き抜くための「生存本能」が、人の心理・行動に大きく影響しています。

誰か知らない人と会った瞬間から、この人は「敵か」「味方か」を直感的に見分けるようにできており、その区別がつかない人には警戒感を抱くわけです。

だから、見知らぬ人と話すのは怖いし、ぎこちなくなりがち。

よって、**「私はあなたの『敵』ではなく『味方』である」**ということを、まず相手に理解してもらうところから始めなければなりません。

「敵」から圧力をかけられても、人は言うことを聞くどころか、反発し、闘争か逃走モードに入るだけ。

銃を突きつけられて、脅されたら、その場では言うことを聞くふりをしても、離れた瞬間に元に戻るだけなのです。

「好き」が「好き」を呼んでくる

子どもや部下に、「この人の言うことなら聞いてみよう」と思わせるためには、親や上司は**「味方であり、信頼できる存在」として認められる**必要があります。

そのために、まずは自分から、**相手を「好き」になり、「興味」を持つ**ところから始めましょう。

なぜなら、人は**「自分を嫌いな人」を嫌いになり、「自分のことを好きな人」を好きになる**傾向があるからです。

これを心理学的には**「好意の返報性」**と言います。

ポジティブな気持ちを向ければ、ポジティブな気持ちが返ってきやすくなります。

まずは、相手への見方を変えて、相手の味方になるのです。

部下や上司、子どもなどに向かうマインドを、

「あなたは嫌い」「あなたが苦手」「あなたはダメ」

↓

「あなたが好き」「あなたに興味がある」「あなたは大切」

に変えてみてください。

「嫌悪感」や「無関心」「見下す気持ち」からは絶対に「信頼関係」は生まれません。

まずは、「好意」「関心」「尊敬（リスペクト）する気持ち」から。

年齢や序列にかかわらず、目上にも目下にも、誰に対しても「敬意」を払う謙虚さと礼節。

最高の伝え方は、ここから始まります。

隙を見せたほうがいい

3つめの「すき」は**「隙」**です。

海外の企業などと比べると、日本の企業内のコミュニケーションは非常に堅苦しく、表面的。

日ごろのコミュニケーションの少なさを「飲みニケーション」でなんとかカバーしていたわけですが、コロナ禍で、いっきに減り、最近はリモートワークの普及ということで、型通りの心の通わない事務的トークに終始することも増えました。

こうした状態で、社員の会社への帰属意識、連帯感はダダ下がりです。

そんな時代だからこそ、おすすめしたいのが、**自分の弱みをさらし、隙を見せる**こと。

いま、海外の先進企業で注目されているのが、**「Vulnerability」（脆弱性）**というコンセプトです。

「弱さを見せる」という意味で、ヒューストン大学のブレネー・ブラウン教授の

TEDトークで、有名になった考え方です。

「上司は、親は、年上はいつも正しい」という考え方ではなく、誰もが、自分の弱さや間違いを素直に認め、さらすことで、チームとしての関係性がよくなるのです。

私の母は、厳しい側面がありましたが、ほめることにかけては惜しむことがありませんでした。外見に強いコンプレックスを持っていた私でしたが、

「純ちゃんはかわいいわ。沢口靖子よりかわいいわ」

とほめてくれていました。

そして、彼女はよく、「私にはできないけど、純ちゃんはできるのね。すごいわね～」などと、自分ができないことは素直に認め、弱さを常にさらしてくれました。

私はそれほど自信があるわけではありませんが、「自己肯定感は高いほうかな」と感じます。

その根本には、母のこうした自分の「弱さ」を認め、相手のよさをほめる教育にあったのではないかと感じます。

私の主宰する「世界最高の話し方の学校」では、生徒も私も、弱みを見せることを徹底しています。

恥をかいてこそ、人は成長する。人前で何度も話をしてもらい、自分の失敗や弱さをさらけ出してもらいます。

その中で、チームとしてのつながり、信頼感が生まれていくのです。

まったくの他人が3カ月間の学校が終わると、無二の親友のように、絆を深めている姿を見るのは本当に嬉しいものです。

最高のチームづくりは「隙」を見せ合うところから始めてみましょう。

「言葉の過剰包装」は人を遠ざける

「堅苦しさ」という意味では、**日本人特有の敬語も「人との距離を縮める障壁」**になっている側面があります。

とくに最近よく聞くのが、**「○○させていただきます」**という表現です。

日本人が大好きな「と思っています」という言葉と合わさって、

✕

お話しさせていただきたいと思っております
ご説明させていただきたいと思っております

といった堅苦しい表現になりがちです。

「お話しします」「説明します」で十分伝わるし、丁寧だと思うのですが……。

私はこういった表現を**「言葉の過剰包装」**と呼んでいます。

中身より、こうした文末の言葉のほうが長くなってしまい、まどろっこしくてたまりません。

ほんのちょっとカジュアルに

礼儀正しいことはいいことですが、**あまりに言葉がかしこまりすぎると、距離が縮まりにくい**という難点があります。

敬語は、どうしても「どちらかが上で、どちらかが下」という上下関係に則って使われるため、フラットな関係性も生まれにくくなります。

最近は、子ども同士も、いじめに結びつくかもしれないという理由で、ニックネームで呼んではいけない、などというルールを設ける学校もあるようですが、かしこまった表現をちょっと砕けた感じにすると、人との距離がいっきに近づく感じがするもの。

大丈夫でしょうか ⬇ 大丈夫ですか
がんばられましたね ⬇ がんばりましたよね！
お話しさせていただいてもよろしいでしょうか ⬇ お話ししてもいいですか

かしこまりすぎず、へりくだりすぎず、**言葉をほんのちょっとだけ、カジュアルにしてみるだけで、親しみやすさがぐ〜んとアップ**しますよ。

「7つの言い換え」を活用すると……

ここまで「7つの言い換え」を紹介してきました。

これらは、それぞれ単独でも使えますし、複数を組み合わせて使うことで、さらに効果を発揮します。

たとえば、こんな感じになります。

君はいつも遅刻するよね

⬅

Iトーク 先週、3回、遅刻していたということを聞いたのだけれど、とても困っているんだ。なぜなら ほかのメンバーが始められなくて、プロジェクトの進行に支障をきたしてしまうんだよね。小さく、具体的に 9時に始めるために、できたら5分前にみんなそろって、時間通りに始めたいんだけど、問いかけ・未来 どうしたらいいだろう。

君はいつも詰めが甘い

⬅

ートーク 先週、○社さんからの見積もり依頼など、○○君のところで、確認できていない案件がいくつかあったことに気づいたよ。とても残念に思っている。**なぜなら** 結果的に、○社さんのプロジェクトへの参加は見送らざるを得なくなった。**小さく、具体的に** とくに締め切り前の確認は厳密にしてほしいのだけれど、**問いかけ・未来** 考えを聞かせてもらえるだろうか。

番外編 ルール

「○○ハラ」に絶対ならない！SBIQ方程式

シンプルに相手の間違いを指摘する王道の伝え方

ここで、おまけにもうひとつ、欧米の企業でよく使われている**「○○ハラにならない」王道の伝え方の方程式**をお教えしましょう。

アメリカでは、フィードバックの技法が幅広く研究され、多くの「型」が存在していますが、リーダーシップ研究開発機関ＣＣＬ（Center for Creative Leadership）の提唱するモデルをアレンジした万能方程式がこちら。

S＋B＋I＋Q
S＝Situation（状況）
B＝Behavior（行動、アクション）
I＝Impact（その行動が起こす影響、ダメな理由、メリット・デメリットなど）
Q＝Question（どう思うのか、解決策を提示させる）

たとえば、

S＝昨日のクライアントとのプレゼン前に
B＝本来なら、前日までに準備するはずの資料を終わらせることができなかった
I＝最終的に、チームのメンバーが徹夜して、手伝うことになってしまった
Q＝どう思う？　今後どのようにすべきだと思う？

S＝おとといの企画コンペで
B＝絶対要件の情報が漏れていた
I＝案件獲得が難しくなった

Q＝どうしたらいいと思うか？

という感じです。
ポイントは**ダラダラ、ネチネチ、ぐずぐずと文句を言わない**こと。

・手短に、明確に、具体的に行動を指摘する
・自分で、その解決法を考え出してもらう
・感情に任せて怒るのではなく、冷静に事実ベースでコミュニケーションをする

このやり方ならば、「○○ハラ」と糾弾されることはありません。

行動は「説教」ではなく「質問」で変えられる

大切なのは、**自らの考えを押しつけない**こと。
聞き手の役割は、**話し手が自ら解決策を導き出すのを助ける**ことです。

言い換えルール「❷命令を提案に」でも詳述したように、**「人を動かしたい」と思うとき、じつは「〇〇しなさい」というよりも「質問」を用いるほうが、効果が高い**からなのです。

「質問行動効果」（Question-Behavior effect）と呼ばれるもので、質問をし、その答えを自ら考えてもらって、宣言してもらうことで、自分の行動により責任を持つように仕向けるのです。

たとえば、遅刻の多い人に「遅刻しないように」ではなく「時間通りに来られますか？」、食生活が不規則な人に「野菜を食べましょう」ではなく「もっと野菜を食べませんか？」といったような質問を投げかけます。

人は自らが考え、気づきを得なければ、本質的に変わることはできません。

「〇〇しろ」と回答を押しつけるより、上手に「質問」をしながら、**問題も解決策も自分で考えさせ、発見させるように仕向ける**ほうが、**本質的な行動変容に結びつきやすい**のです。

Q&A編

「こんなとき」「こんな相手」にはどうすればいい？気になる疑問に一挙回答！

「しない」「してくれない」より「できない」と考えよう

ここまで、いつもの「聞かない」「効かない」言葉を、相手に響く言葉にグレードアップする言い換え法を紹介してきました。

ここで、伝え方について、よくある質問にお答えしていきましょう。

Q いろいろ努力はしても、結局、相手はなかなか変わってくれませんまずは、**「人を変えよう」という意識を捨てましょう**。人はたしかに変わり、学ぶことができますが、**その変化を決意するのは本人でしかない**のです。

残念ながら、人は簡単には変われません。

時間にルーズな人、だらしない人、人の気持ちがわからない人……。努力や意識でコントロールできない気質の人もたくさんいます。

しかし、**つまるところ、「彼らの問題」は「彼らの問題」であって、「あなたの問題」ではない**のです。切り離して考えましょう。自分の問題として抱え込まないでくださいね。

人を変えることは本当に難しいけれど、その行動に一定の影響を与えることはできます。ですから、**伝える側は、相手の意欲をかき立てる地道な努力を積み重ねていくしかありません**。

Q 我慢していても、時々怒ってしまいます……

どんなに抑えようとしても、時々は、子どもに（上司が部下に、はいまどき難しいですが……）、怒ってしまうこともあるでしょう。

それもOKです。**たまに真剣に怒れば、ピリッと効果も高まります**。

最も悪質なのは、「いつもガミガミ」という状態です。

相手の自己肯定感を破壊し、萎縮させるだけですし、そもそも相手が耳をふさいでしまうので、**まったく効き目がありません**。

そういう人は**「ゴールポストの選定」を間違っている**可能性があります。

たとえば、子どもに対して、

・毎日、「片づけなさい」と怒ることが本当に必要でしょうか?
・たった1科目の試験結果が悪かったから、字が汚いからと、叱りつけることは必要でしょうか?

ゴールポストはもっと先、たとえば、必要なときには片づけてくれるようになってもらう、希望の大学に進学してもらう、といったことではないですか。

日々、箸の上げ下ろしまで指図するように、ガミガミと叱るのは決して得策ではありません。

そもそも、**「子どものため」と言いながら、叱ること・罰することが目的化してしまっている**可能性はないでしょうか。

Q 「言い換え」は、相手のご機嫌をとっているだけに感じるのですが……

こうした「言い換え」は、相手に媚びている、機嫌をとっているなどと感じる人もいるかもしれません。

しかし、何度も申し上げているとおり、これまでの伝え方は超旧式。

30年前のパソコンのようにガタがきており、機能していません。

モデルチェンジのときが来ています。

その場で、相手を言い負かす、論破することを目的とするのではなく、長期視点で考えましょう。

最終的に、あなたの思うとおりに相手が動いてくれれば、「あなたの勝ち」。

決して、相手を甘やかしているのではないのです。

Q 強く言わなければ、わかってもらえないのでは？

「高圧的に、強権的に言わなければ人は動かない」

これも大いなる勘違いです。

人を嫌な気分にして、嫌われるより、人をいい気分にして、好かれるやり方のほうが100倍いいですよね。

言いたいことを言いながらも、嫌われずに、むしろ愛される……。

こんな話し方のほうが人生はよっぽど得します。

眉をひそめ、不機嫌な顔をして「なんでやんないの？」「やるべきでしょ」と言って相手を嫌な気分にする代わりに、笑顔で「やってくれたら嬉しいなあ」「これやっておいたほうがいいかもね」と言うほうが、相手は喜んで動いてくれるはずなのです。

「塩気が足りない」と文句を言うぐらいなら、自分で塩を振ったほうが100倍いい。

『戦い』は選びましょう。

誰かれとなく、何かにつけて戦う必要はありません。

Q 職場の「超困ったさん」には、どう対応すればいいのですか？

よくセミナーなどで「職場にこんな困ったさんがいるのだが、どうしたらいいか」という相談を受けます。

言い換え話法もなかなか通用しない、「爆弾級の困ったさん」もいるでしょう。

そんな人に対応しなくてはならず、心が病んでしまう……。

そうならないように私がおすすめしているのは、彼らを**「動物園の珍獣か、超VIP客だと思え」**ということです。

「同じ人だから、わかってもらえるはず」と期待してしまう。

わかり合えない「珍獣」だと考えれば、腹も立たないし、その生態にちょっと興味も湧くでしょう。

超VIP客だと思えば、その行動も致し方ないと思えます。

もうひとつのマインドとして、「彼らはしない、してくれない」のではなく、**「彼らは知らない、できない」と考えるのも、ひとつの手**です。

「できるはずなのに、さぼってやらない」のではなく、「知らないから、できない」「本当にできないから、しない」とストーリーをシフトすれば、少しは気持ちがラクになるのではないでしょうか。

紹介してきた「7つの言い換え」テクニックは、相手の間違いを指摘する、といったネガティブな場面だけでなく、説明する、伝達する、報告するなどあらゆる場面で大いに活用できます。

たった1回で、劇的な変化というのは難しいかもしれませんが、**繰り返し使うことで、効果は高まります**。

ぜひ、活用してみてくださいね。

第3章

日本人がとにかく苦手！
誤解だらけ！

やる気に火をつける「ほめ」の真実

ほめない、ほめられない日本人

ここまで、相手の行動の間違いなどを正し、人を動かす言い換え術を紹介してきました。

ここからは、**人をほめ、そのモチベーションを上げる伝え方**をじっくりと解説していきます。

「ほめるのが苦手」「ほめ方がわからない」という人は、じつは大損しています。「いい男」「いい女」とは、「相手をいい気分にさせる人」にほかなりません。

なぜなら、**コミュニケーションの極意とは、いかに相手をいい気分にして、相手を気持ちよく動かすかということ**だからです。

嫌な気持ちにしても、相手は動かないばかりか、あなたの評価が下がるだけ。

「ほめる」はコミュニケーション業界のスーパースターなのです。

「一流」の武器は「ほめ力」

これまでも繰り返してきたように、

「叱る」より「正しく導く」
「叱る」より「ほめる」

ほうが、人のモチベーションはよっぽど上がります。

「ほめることはまるで太陽の光のように人を成長させるのに、なぜかそれを躊躇《ちゅうちょ》する」とコミュニケーション教育の神様、デール・カーネギーは表現しましたが、ほめることは、植物にとっての水であり光です。

海外企業のトップエグゼクティブの方々とお話しすると、その「ほめ力の高さ」にいつも感動してしまいます。

一流の成功者ほど、きちんと「相手を育て・動かす最高のほめ方」で、人の心をわしづかみにしているのです。

日本企業に蔓延する「ほめない病」

対して**日本人には「ほめ下手」が圧倒的に多い**のが実情です。

親や上司の「ほめ下手」が連鎖して、「そもそもほめられてこなかったから、ほめ方を知らない」という声も聞こえてきますが、「ほめる＝甘やかす」という意識を持っている人も少なくありません。

「ほめている」つもりの人でも、まったく、「ほめ言葉」になっていなかったりするケースもあります。


私の会社で行った調査では、**8割以上の会社員は「ほめられたい」と思っているのに、実際にほめられている人の割合は、たったの4割**という結果でした。

まさに、**日本中に「ほめない」病が蔓延**しています。

「強み」にフォーカスで、爆成長

これはしばしば、海外メディアにも取り上げられています。

イギリスBBCの記事では、「日本の伝統的企業のヒエラルキーの中で、ほめることはほぼ皆無」「欧米の会社で当たり前のスタイルが通用しない」と分析されています。

「上司から、何も言われなければ、『よくやっている』という意味」という記事中のコメント通り、デフォルトは**「ダメ出し」**もしくは**「何も言わない」**。

そんな上司は少なくないでしょう。

ここのところの日本経済の停滞ぶりを見ていると、そうしたコミュニケーションスタイルも、モチベーションの上がらない原因のひとつ、という気がします。

さらに、**海外と比べて極端に低い日本人の自己肯定感、自己効力感**にも影響を与えているに違いありません。

何度も繰り返してきましたが、多くの研究が**「厳しく批判するよりも、共感力を持っ**

て諭すコミュニケーションのほうが、いい結果を生む」という結果を導き出しています。

相手に寄り添うポジティブなコミュニケーションこそが、最強のエンパワーメント（力づけ）ツール。

「強みにフォーカスするほうが、圧倒的に成長につながる」ということなのです。

「ピグマリオン効果」。ほめ言葉が脳を活性化する

他者から期待を受けることで、成績や仕事での成果が上がったりする心理効果を**「ピグマリオン効果」**と言います。

キプロスの王ピグマリオンが自分で彫った乙女の像を愛しつづけた結果、乙女像が本物の人間になったというギリシャ神話に由来しており、この効果は、数多くの科学的研究によっても実証されています。

有名なのが、アメリカの教育心理学者ロバート・ローゼンタールが行った実験です。無作為に選んだ児童の名簿を教師に見せ、**「この名簿の児童が、成績が伸びる子どもたちだ」**と伝えたところ、その子たちの成績が向上するという結果が出ました。

教師が自然とそうした子どもたちに目をかけることで、**「子どもたちが期待に応えようとして、パフォーマンスが向上する」**ことが確認されたのです。

この実験は再現性がないと批判されましたが、**言葉による肯定は、お金をもらったのと同じように脳を活性化する**ことも、脳科学者の研究などによって明らかになっています。

なぜ、「ほめる」はやる気を刺激するのか

なぜ、「ほめる」はやる気を刺激するのでしょうか。

それは、**ほめられると、脳内に快感や多幸感の素となるドーパミンが放出され、誇りと喜びの感情が生まれる**からです。

「その行動をもっとすれば、もっとほめられる」と理解し、繰り返すようになります。

これは、**「好ましい行動をほめ、同じ行動を繰り返させる」**という意味の**「正の強化」(positive reinforcement)**という教育訓練法で、犬やイルカの訓練にも使われています。

犬のトレーニング同様に、いい行動をしたときは、「そう、それ！」「それがいいの」と刷り込み、行動を変えていくのです。

弱みよりも強みにフォーカスするほうが、はるかに人は成長していくのです。

人はほめ言葉通りになりやすい

「ほめること」の効果としては、ほめられる人の、

- やる気を刺激する
- 絆を強める
- 生産性が上がる
- 信頼感が増す
- 気分がよくなる
- 幸福感が増す
- 健康を促進する
- お金をもらったときと同じ効果をもたらす

だけではなく、ほめる人の気分も上げる、といった効果も確認されています。
根拠がなくても、思い込みを持つと無意識にその方向に向けた行動をとることで、予言が現実のものとなる現象を**「自己充足的予言」**と呼びます。

✕
あなたはできないわ
あなたはムリ

と言われつづけた子どもと、

○
あなたならできる
才能があるわ

と言われつづけた子ども。
どちらの自己肯定感が高く、自信を持ちやすくなるか。簡単にわかりますよね。

まさに、**言葉が人をつくる**のです。

ほめるのは、なぜこんなにも難しいのか

しかし、「ほめる」のは、なかなかに難しいものです。

まず、そもそも、ほめられることが、こんなにも人を喜ばせ、モチベーションを上げる効果がある、ということがあまり理解されていません。

「ほめる」ことの価値を過小評価しているのです。

「自分はほめるのがうまくない」

「わざとらしいのではないか」

と、ほめ方に自信が持てない、という人も少なくないでしょう。

そもそも、人には**「ネガティビティバイアス」**という脳のクセがあります。

ネガティブなもの、よくない点、問題に最初に目が行きがち。

それは人の生存本能ゆえで、かわいい花より、自分の命を狙う動物など「脅威」に最

初に気づくようにできているのです。だから、

> この子は、本当にだらしない
> この人は、やる気がない

など、**子どもや部下の悪いところばかりが気になってしまう**ものなのです。

誰もが「自分の価値を認められたい」

人はどうしても、そうしたバイアスにとらわれがちであることを理解して、ポジティブな面に目を向けるように意識していきましょう。

> たまに遅刻するけれど、元気に学校に行っている
> ちょっとミスはするけれど、いつも明るくチームを盛り上げてくれる

遅刻やミスにフォーカスするより、まずは元気で明るくいることをほめてあげること

が先決。

人はどんな人でも**「自分の価値を認められたい」**と思っています。

人のやる気を爆上げする上手なほめ方を学び、あなた自身も、そして、そのまわりにいる人も幸せにしていきませんか。

「ほめる＝甘やかす」は本当か

「ほめること」のメリットはある程度理解しながらも、ついつい頭に浮かぶのが、

「ほめることは甘やかすことでは？」

「ほめると、それがクセになり、ほめられないと何もやらなくなるのでは？」

という意識です。


残念ながら、ほめられることで得られるドーパミンはそれほど長くは続かず、「ほめられる⬇働く⬇ほめられる⬇働く」というループを構築するためには、**繰り返し、ほめていく**必要があります。

一年に一度、数カ月に一度というペースでは、効果が発揮しにくいのです。

ゲームなどをするときに分泌されるドーパミンには依存性があり、効果は長続きしません。ほめ言葉も同様に、言い方によっては、効果は短期的で、相手を「ほめ依存」にさせてしまう可能性があります。

ですから、**「うわべだけ、口先だけのほめ方」から「もっと持続的で、確かな効果を持つほめ方」にアップデートする**必要があります。

好みの「ほめられ方」はさまざま

誰にでも効く「ほめ方」というのは、じつはありません。**人によって、好みの「ほめられ方」は異なる**からです。

表立ってほめられ、みんなに認められたい人もいれば、自分だけにそっと伝えられたい人もいます。

初級者・若手が、ほめられるのを好む一方、上級者・エキスパートになると、より成長につながる、多少厳しめのフィードバックを好む、という研究結果もあります。

どのような形にせよ、**ほめさえすればいいというのも間違い**です。

きちんとしたほめられる理由があるときだけに、与えられるべきものであり、**「ほめ」の乱用はその価値を失わせてしまいます**。

「ほめすぎ」はない

ただ、「ほめる頻度が高すぎると、ほめ言葉の価値が下がって、誠意が感じられないのではないか」、つまり、**「ほめすぎると（相手が）慣れて、効果がなくなるのではないか」という心配には根拠がない**ことがわかっています。

シカゴ大学の教授らの研究では、「1週間にわたって1日1回ほめられた人は、日を追うにつれてその効果が下がるかと予想されたが、毎日同じように効果があった」と報告されています。

ほめ言葉は食事と同じ。何でもいいわけではありません。**上質なほめ言葉を定期的に与える**ことで、グングンと人は成長をしていくということなのです。

「北風と太陽」の話の続きを知っていますか？

「北風と太陽」のお話をご存じでしょうか。


北風と太陽で、「旅人の服を脱がせたら勝ち」という勝負をしました。

北風は強い風を吹かせましたが、旅人は飛ばされまいと必死で服を押さえつけるだけ。

太陽が日光を注ぐと、旅人は暑さで、自分から脱ぎました。


こんなお話ですが、じつはこの話には続編があるようなのです。

私のセミナーに参加してくれた人が教えてくれました。


北風と太陽は、しばらくして2回戦をすることになりました。

今度は、旅人の帽子を脱がせることができるか勝負をすることにしました。

太陽がその光をさんさんと降り注ぐと、あまりの暑さに、旅人は逆に帽子を目深にかぶりなおしました。

ところが、北風がぴゅ～っとひと吹きしただけで、帽子はあっという間に脱げてしまいました。今回は北風の勝利です。

太陽のような温かい言葉のほうが、北風よりはるかに効果があるという話かと思ったら、じつは**「北風も時には効果を発揮する」というのが結論**のようです。

「ポジ」と「ネガ」の黄金比

太陽だけでも北風だけでもダメ。ほめは重要だけれども、ネガティブな話でも、きちんと伝えるべきことは伝えないといけない。

問題はそのメリハリ、バランスなのです。

「ポジティブとネガティブのフィードバックの最適割合」を科学的に証明しようとする研究も多々あります。

2005年、心理学者のマーシャル・ロサダ氏とノースカロライナ大学教授のバーバラ・フレドリクソン氏は、人間が幸福を感じる転換点は、**「ポジティブな感情とネガ**

ティブな感情の比が2・9013のバランスにある」と結論付ける論文を発表し、**ポジ3：ネガ1の「ロサダ比」**として話題になりました。

「ポジティブな感情がネガティブな感情を上回るには、ネガ1に対して、ポジが3つ必要」と説いたのです。

あるアメリカのコンサルティング会社の研究では、「ポジティブが6」に対して、「ネガティブが1」という割合がベストという結論も出ています。

結婚生活においても、この割合は大きな意味を持ちます。

男女関係学の権威であるワシントン大学のジョン・ゴットマン名誉教授によれば、結婚生活がうまくいっているカップルのポジ・ネガ比は**5：1**、離婚したカップルの場合は、**0・77対1**、つまり4つの否定的なコメントに対して3つの肯定という割合だったそうです。

ちなみに、ゴットマン教授は、**関係性を壊す4つの要因として「批判」「軽蔑」「自己防衛」「無視」**を挙げています。

みなさんのご家庭は大丈夫でしょうか。

職場でも、業績の高いチームほどポジティブなフィードバックの比率が高く、ポジティブなフィードバックほど効果が持続することが明らかになっています。

このように、比率には諸説あるわけですが、**「ポジ＞ネガ」の割合は維持**したほうがよさそうです。

ほめるときは、きちんとほめ、信頼関係をつくったうえでなら、多少ネガティブなフィードバックも、受け入れてくれるでしょう。

まずは「ほめる」が基本動作というわけです。

「ポジ」と「ネガ」は、混ぜるな、危険！

ネガティブな話をするときは「ポジ→ネガ→ポジ」というサンドイッチ話法にしなさい、という説があります。つまりほめてから批判し、ほめて終わるという手法ですが、これは**もう時代遅れ！**と言われています。

ネガな情報ばかりに気をとられるという「ネガティビティバイアス」が働いてしまい、ほめワードの無駄遣いになる一方で、本当に伝えたい内容が、ポジティブワードの陰に隠れてしまう。

結局、何が言いたいのかわからないということになりがちです。

最新研究では、「このサンドイッチはおいしくない、つまり、まったく効果がない」とバッサリ。この話法で叱られた人の半数は「ネガティブな内容には気づかなかった」という実験もあります。

アメリカ有数の組織心理学の研究者であるペンシルベニア大学ウォートンスクールのアダム・グラント教授も、**「伝える側として、安心感はあるかもしれないが、受け取る側にはまったく効果がない」**と言い切っています。

「中身」はパンではさんで覆い隠してしまわずに、しっかり、はっきり伝えましょう。

基本は「ネガティブよりポジティブで」、そして**「ポジとネガは混ぜない」が正解**です。

ほめられすぎは人をダメにする？

最近、聞こえてくるのが、

「いまどきの子は怒られたことがないから、叱るとすぐに折れてしまう」

「子どもがほめられることに過度に依存するのではないか」

といった声です。

結論から言うと、**「ほめること」が人をダメにすることはありません**。

一般的にほめることは子どもにいい影響を与え、効果的な育児法であることが研究で一貫して示されています。

ほめることは、成績の向上や、親切で役に立とうとする行動の増加、社会的能力の向上に結びつき、子どもにいい影響を与えるほか、共感性、良心に関わる脳内物質を増加させる、ということもわかっています。

つまり、**ほめることは子育ての核となる行動であり、不可欠の要素**ということなのです。

結論は、ほめることがダメなのではなく、**質の悪いほめ方がダメ**ということ。たとえば、

×

「ほめているつもり」で、じつは表面的な、心に響かないほめ方をしている
言葉だけで、気持ちがこもっていないので、相手に届いていない
ほかの子と比較して、優位な点をほめる
「すごいね」「さすが」など、型通りのほめ言葉で終わっている

型通りということでは、よくマニュアルなどで紹介されている**ほめ言葉の「さしすせそ」**。

△

さすがだね。最高だね
しっかりしているね。知らなかった、信じられない
すごいね、素晴らしい、素敵
世界一！　センスがいい

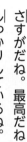

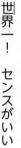

そうなんですね。そのとおり

といったほめ方。

もちろん、これらが悪いわけではありませんが、**いかにも上っ面なおべっかに聞こえてしまうリスク**があります。

マニュアルのような、歯の浮くような、心のこもらないほめ言葉にならないように注意したいものです。

繰り返しますが、多少、ぎこちないほめ方でも、ほめないよりはマシです。

まずは、相手を肯定する言葉を日常に取り入れていきましょう。

第4章

「ポジティブ・肯定的なこと」を伝える技術

人の行動を変える！人間関係が劇的によくなる！世界最高のほめ方

「ほめる」の基本動作は「認める」「共感する」「ほめる」「感謝する」

――「みかんほかんの法則」をマスターしよう

では、ここからは実践編ということで、人が動く**「世界最高のほめ方」**のテクニックを詳しく紹介していきましょう。

「ほめる」のが難しい原因のひとつは、「ほめる＝相手に媚びて、美辞麗句的な言葉を並べ立てること」と誤解されがちなところです。

しかし、「ほめる」とは、決して相手のよさや強みを大げさに賞賛することではなく、じつはもっと幅広い範囲の言葉を総称しています。

広義の「ほめる」の基本動作は**「認める」「共感する」「ほめる」「感謝する」**。

この4つの内容を組み合わせることで、深みのある、気持ちのこもった、真の「ほめ言葉」になるのです。

それぞれの言葉から一文字ずつとって**「みかんほかんの法則」**と名付けました。

一つひとつ解説していきましょう。

「認める」が最初のステップ
まずは、努力や変化に気づくことから

最初のステップは**「認める」**。

何より大切なのは、子どもや部下、同僚を見守り、よく観察し、その努力や変化に気づいてあげることです。

○

最近、なんだか目の色が違うね
一生懸命、がんばっていたもんね
プロジェクト、順調みたいだね
努力の成果が出ているみたいだね

といった具合です。

さらに、もう少し具体的に指摘すると、より効果的です。

よくできたよね➡おもちゃを元の場所にきれいに戻せたね
よかったね➡昨日のプレゼン、デザインがとっても見やすくなっていたよね
OK➡お客様へのあいさつが、とっても気持ちがこもっていて、よかったね

「7つの言い換え」ルールで示した「❶なるべく具体的に」と「❹『なぜなら』を加える」を応用することで、次の行動に結びつきやすくなります。

ちょっとした変化や努力に気づき、こまめに声をかける。

これで、相手の気分も上がり、職場や家庭の雰囲気も格段によくなります。

「共感」で信頼関係を貯金する

人は誰もが「認められたい」「所属したい」

2つめが**「共感」**です。

コミュニケーション、たとえば、人とどうしたら仲良くなれるか、理解し合えるかを

研究する中で、つくづく感じるのが、人はやはり「動物」であるということです。

進化はしたけれど、根本的なところで、「群れをつくり、身を守ってきた」長い歴史があるのです。

だからこそ**「人に認められたい」「群れに所属したい」**という強い欲求を持っています。

その共同体感覚を醸成するのが**「共感」**です。

自分の気持ちをわかってくれて、理解してくれて、認めてくれる、そんな人に心を開きたくなりますよね。

感情を共有する「共感」は、相手の信頼を獲得するのには非常に重要なステップです。

男性に「雑談や会話が不得手」という人が多い理由のひとつに、この「共感」が苦手であるということが挙げられます。

自分の感情を認めたり表現したりするのに躊躇《ちゅうちょ》する人が、とても多いのです。

喫茶店やレストランに行って、女性同士の会話を聞いてみてください。

「かわいいね～」「ひどい」「許せない」「かわいそう」「わかる！」「私も！」……。

共感言葉のオンパレード。

そうやって、お互いに共感し合い、「自分の気持ちをわかってくれた」と気持ちよく、雑談が進んでいくのです。

×

そんなことで悩んでも仕方ないよ

と言われるより、

○

そうだよね。大変だよね。つらいよね

と声をかけてもらえるほうが、「自分のことをわかってもらえた」と思いますよね。

「共感」して、相手の気持ちに寄り添う

「共感」は「ほめる」の大切な要素です。

「親身になって、誰かが自分のことを考え、寄り添ってくれている」と感じることほど、嬉しいことはないからです。

◯

嬉しいよね
感動したよね
わかるよ
忙しいのに、大変だったんじゃない？
難しかったんじゃない？

と相手の気持ちに寄り添う。

同時に、相手のポジティブな行動によって生じた自分の気持ちを伝えてみましょう。

「I feel トーク」で相手のモチベーションを高めよう

第2章で紹介した**「I feel（felt）トーク」を「ほめ方」にも活用**してみましょう。

◯◯してくれて、助かった
◯◯はありがたい
◯◯が本当に役立った
◯◯してくれて、嬉しい
◯◯を誇りに感じる

人からほめられること（外発的動機）を目的にしてしまわないようにするためには、**「自分から行動を起こしたい」という内発的動機につなげる**ことが大切です。

そのためには、「その行動が人にどういうインパクトをもたらすのか」といったことに気づいてもらう必要があります。

この「I feel トーク」は、まさに、**ほめるべき対象となる行動が他人にどんな感情＝イ**

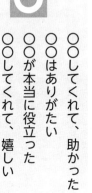

ンパクトを与えたのかを理解してもらううえで、とても効果的です。

そうやって、行動の他者へのインパクトを想像し、自ら、行動を継続するように仕向けるのがカギというわけです。

「感情を共有する場」で距離が縮まる、関係が深まる

「共感」は、感情を共有する経験を共にすることでも生まれます。

たとえば、ランチやディナー。

一緒に食べて「おいしい」、温かい飲み物を一緒に飲んで「安らぐ」など、**「感情を共有する場」を意識的につくる**といいでしょう。

私の学校では、実践重視で、参加者は何度も人前で話す経験をします。ドキドキ、ハラハラ、ワクワク、といった感情をクラス全員で共有することで、チームとしての連帯感がいっきに強まります。

職場でも、そうした**「感情共有体験」**をつくり出していくことが大切です。

「共感」を貯蓄することで、信頼関係は育まれます。

ぜひ、**「共感貯金」**に励みましょう！

コラム

人はなぜ占いに惹かれるのか

いま占いが大流行りですね。なぜ、人は占いに惹かれてしまうのでしょうか。

たとえば、

「あなたはいま悩んでいることがありますね」

「普段は元気に見せていますが、ひとりで落ち込むこともあるでしょう」

「人当たりがよさそうで、じつは人見知りですよね」

など、多くの人に当てはまることを言われているにもかかわらず、「これは自分のことを指しているのだ」と感じてしまう心理的効果を「バーナム効果」と言います。

「気持ちはよくわかるよ」「不安だよね、でも大丈夫だよ」と、聞き手が持っ

ているモヤモヤや悩みをくみ取り、共感してくれる。

そうすると、「自分の悩みや抱えている感情をわかってくれた、言い当ててくれた」という気になりますよね。

しかも、確信を持って断言する人を、信用しやすくなるという傾向があります。

人はとにかく「共感されたい」生き物なのです。

「ほめる」の正解はこれだ！

「人ほめ」より「プロセスほめ」で人はグングン成長する

「認める」「共感する」のあとは、いよいよ、**本丸の「ほめる」**です。

ほめるときは、**人が簡単に変えることができない「特徴」より、「行動」をほめたほうが相手のやる気を刺激しやすい**と言われます。

知能や運動神経など固有の能力よりも、人の努力や戦略、プロセスをほめたほうがいいということです。

ある研究によれば、こうした「プロセスほめ」は内的なモチベーションを高める一方で、「人ほめ」では、子どもたちが失敗に固執したり、恐れたり、簡単にあきらめたり、自分を責めたりする傾向が出やすいこともわかっています。

「鉄板ほめ言葉」は要注意

△

すごいね
エライね
素晴らしい
いい子ね
おりこう
頭がいいね

という「鉄板ほめ言葉」も要注意。

たんなる「人ほめ」になってしまっているからです。

そこで終わらせず、**プラスアルファで、評価の理由を指摘**してあげましょう。

ちょっとした言い換えで、「人ほめ」を「プロセスほめ」にすることができます。

絵を描くのが上手ね ⬇ とても表情が豊かな絵を描いたね
頭がいいのね ⬇ 一生懸命、取り組んだのね
数学が得意なんだね ⬇ この難しい問題をよく解けたね

つまり、

✕ あなたは○○なのね

と決めつけるのではなく、

〇 あなたは〇〇をしたのね

というように、**形容詞や名詞を動詞にして、成果や実績をほめてあげるといい**ということですね。

「結果」よりも「プロセス」をほめる

「7つの言い換え」のひとつめのルール**「❶『大きな言葉』を『小さな言葉』に、『抽象』を『具体』に」**手法は、ほめたり感謝したりすることにも効果的です。

「何か、大きな成果を出したら、ほめる」というよりは、日ごろから相手の行動をつぶさに観察し、小さな進化や努力に気づき、すぐに、具体的に、気持ちを込めて認め、ほめていくのです。

「テストで学年トップになる」「仕事で大型受注する」など**ゴールを高く設定しすぎる**

あまり、働きや成果を認めたり、ほめたりする回数が極端に少なくなってしまっているというのが、日本人の特徴です。

高すぎる基準・ハードルを下げて、ほめる頻度を増やすようにしましょう。

先ほど、「『人ほめ』よりも『プロセスほめ』」の話法を紹介しましたが、**「結果」よりも「プロセスほめ」もおすすめ**です。

大きな結果だけではなく、**途中の細かいプロセスに注目し、小さな変化や進化に気づき、承認していく**のです。

◎

ゴミを出してくれて助かった！
お皿をとってもきれいに洗ってくれたね
ブロッコリーを食べられたんだ
ジェスチャーも自然で、堂々としていたね
今日は、声がよく出ていたね

といったように、ほんの小さな変化も見逃さず、承認し、感謝し、ほめる。

小さな肯定の積み重ねが、相手のやる気を引き出していくのです。

「感謝」の伝え方

「感謝」の驚異的効果、知っていますか

「みかんほかん」の最後のステップは**「感謝する」**です。

感謝することの効用は数多くの研究で実証されています。

たとえば、前述のアダム・グラント教授の研究によれば、上長からの感謝のメッセージを聞いた大学職員は、そうでない職員に比べて約50%も多く募金を呼びかけることができたそうです。

「感謝を示す」ことは他者へのポジティブな影響のほかに、本人自身にも

- 人間関係の輪を広げることができる
- 身体の健康を増進させる
- 妬みや恨み、不満や後悔に至るまで、多数の負の感情を軽減させる
- よく眠れるようになる

・自尊心を向上させる

など、無数の効能があることが知られています。

みなさんは、日ごろ、まわりの人にその感謝の気持ちを伝えていますか？

私の娘が最近、ラーメン店でアルバイトを始めました。

そこで、彼女が驚いたのが、不機嫌なお客さんがやたら多いこと。

とくに中高年の男性の「ありがとう」率がダントツで低いそうです。

「ありがとう」は店員が客に言うもので、客が言うものではない、という考えなのでしょうか。

まるで、「ありがとう」という言葉を発したほうが負け、と言わんばかりに、バスやタクシーの運転手さんや飲食店の店員さんに対して無愛想な人は、残念ながら少なくありません。

感謝の気持ちは、伝えられた人をいい気分にし、モチベーションを上げるだけではありません。**伝えた本人の幸福感も上がる貴い気持ち**です。

ただ、感謝を伝えるといっても、「ありがとう」ぐらいしか思いつかないし、とりあえず、機械的に言っている、そんな人もいるかもしれません。

そこで、今回は、永久保存版！「感謝の言葉の言い換えの事例」を紹介しましょう。

感謝の伝え方、これはＮＧです！

まずは、ＮＧの言葉編。

✕

もったいないお言葉でございます
恐悦《きょうえつ》至《し》極《ごく》に存じます
ご厚情、痛み入ります

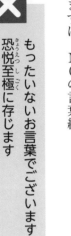

ご厚誼《こうぎ》を賜り、お礼を申し上げます
格別のご厚情を賜り、衷心《ちゅうしん》より感謝申し上げます
～にあずかり、光栄です

マナーとして紹介される、こういった丁寧すぎる言葉の数々。
話す場合にはまず使わないと思いますが、書き言葉でも正直おすすめしません。

なぜか？
それは、**まさにマニュアル通り**だからです。
どこかからコピペしてきたような堅苦しいあいさつを、誰が嬉しく感じるでしょうか。
こんな気持ちのこもらない言葉は即刻、封印してください。

「一言のせ」から始めてみよう

言葉はそこに**気持ちがのって、はじめて命が吹き込まれます**。
「言葉」ではなく、そこに込められた「思い」が心を動かすのです。

誰にでも言っていそうな型通りの「ありがとう」ではなく、相手だけに一生懸命伝える「ありがとう」に。

そのためには、まずは言い換えルール「❶小さく、具体的に」を心がけていきましょう。

◎

〇〇したときに、〇〇してくださって、ありがとうございます！

〇〇など、〇〇〇をありがとう！

こんな〇〇は久しぶりです。感動しました。本当に嬉しかったです！

お忙しいのに、〇〇していただき、感謝しています

〇〇など、自分では気づかなかったことがわかり、勉強になりました

これは、〇〇さんなしではできませんでした！　本当に助かりました

〇〇は、〇〇さんのおかげです

その〇〇は〇〇さんならではですね。〇〇さんを頼りにしています

シチュエーション、覚えた感情、記憶に残ったこと、その行為の価値、あなただけの

言葉、そして「！」の気持ちをプラスオンしてください。

レストランで、帰り際に**「おいしかったです。ありがとうございました！」**。タクシーを降りるときに**「ありがとうございます。お気をつけて！」**。

そんな**「ほんの一言のせ」**から始めてみましょう。

「みかんほかん」を活用した「王道」ほめ言葉

ほめるときには**「すぐき」**＝「す゛ぐに」「具゛体的」「気゛持ちを込めて」の3つのポイントを意識しながら、相手の心に刻まれる、本当の「ほめ言葉」をプレゼントしていきましょう。

「みかんほかん」を駆使したほめ言葉のひな型は、こんな感じです。

> いままで十分に、伝えられていなかったかもしれないけれど、○○さんの最近のがんばりには本当に感謝している。
> ●●（プロジェクト名）、××（クライアント名）、□□の課題に対する取り組み、

本当に見事だったね。
〇〇さんの◆◆（忍耐強さ、気遣いなど、よさや長所）が存分に発揮されていた。■■などには苦労したでしょう。本当にありがとう。ぜひ、この調子でがんばってほしい。

〇〇くん、今回のイベントは素晴らしかったね。どれぐらいの時間をかけ、汗を流し、必死になってアイディアを考え、形にしたのか。その情熱には感服するよ。
とくに、音楽と内装、最高だったね。クライアントのテイストにピッタリだった。苦労したんじゃない？　みんなが気づかないところでも地道に努力してくれたことに感謝しているよ。本当にありがとう。

さあ、みなさんも、ほめ力を爆上げして、「世界最高の上司」になってみませんか？

コラム

資生堂・魚谷会長の「世界最高のほめメール」

これまで多くの社長と一緒にお仕事をさせていただきましたが、そのリーダーとしての風格が強く印象に残っているひとりが、資生堂の魚谷雅彦会長CEOです。

前作『世界最高の話し方』の出版にあたり、私は「本を送らせていただきたい」というメールを彼に送りました。

すると、メールの送信からなんと30分後に、こんな返信が来たのです。

岡本さん、

ご連絡ありがとうございます。

お元気そうで何よりです。

もちろん覚えています。日本にはスピーチのコンサルタントはいないことはないですが、グローバル視点で、英語ベースの戦略コミュニケーションをデザインして、実務指導できる人はあまりいない中で、岡本さんと接点ができたこ

とはとても嬉しく思ったので、よく覚えています。

この危機を乗り越えるためには、コミュニケーションの量と質が重要です。とくにリーダーのあり方、オープンなダイアログ、インスパイアする発信……日々努力の最中です。そういうときに今回のご出版は、非常に的確なタイミングではないでしょうか。

ぜひ読ませていただきますし、また当社でもお世話になることもあるかと思います。

会社の方にお送りいただけると幸いです。

ぜひ役員みんなにも買わせて読ませます。


どうですか?

「認める」「共感する」「ほめる」「感謝する」(みかんほかん)、しかも「すぐに」「具体的」で「気持ちがこもっている」(すぐき)。

このすべての要素が入ったほめ方のお手本ですよね。感服しました!

ほめるにも使える「SBI万能方程式」

「みかんほかん」をマスターしたところで、もうひとつだけ、ついでに覚えてみてください。

前述した「SBIQ」の「Q」の部分を除いた**「SBI」（状況＋行動＋インパクト）の方程式**です。

ほめるときも、指示するときも、感謝するときも、ついでに自己紹介にも使えます。

ほめる

S＝昨日の打ち合わせで

B＝提案した内容は非常に的確だったよね。とくに最初のポイントは非常に本質をついていた

I＝クライアントも大喜びだった

指示する

S＝明日の会議に

B＝我々用とクライアント用、2種類の資料を準備してほしい

I＝そうすれば、相手に知られたくない数字やデータなどをこちら側でしっかり共有できる

感謝する

S＝昨日の深夜の打ち合わせ

B＝おにぎりの差し入れをしてくれた

I＝みんなヘトヘトだったが、あれでまた元気が出た

自己紹介

S＝学生時代、イギリスに留学したときの春休み

B＝自転車で、ヨーロッパを一周した

I＝体力的にも精神的にもつらかったが、多くの人の優しさに触れ、自分の価値観が大きく変わった

といった具合です。

事実を具体的にコンパクトに。こうすれば、確実に伝わりますよね。

コラム

ほめ方はゲームに学べ！

現在、大学生の息子ですが、中高時代はゲームにハマり、それはそれは苦労しました。

何を言っても、やめない。約束した時間は守らない。

iPadをどこに隠したのかを私が忘れてしまい、探すのに往生したこともあれば、クローゼットの奥深くに隠したのに、見つけ出されてしまい、またゲーム三昧……。

どんなに怒鳴ろうと、恫喝しようと、怒ろうと、お構いなしです。

そんなときに、息子に「なぜゲームにそれだけハマるのか」を聞いてみまし

た。

その答えは、「ゲームの中では、小さな成功を、思いきり、ほめてもらえるから」というものでした。

小さなステップをクリアするだけで、大げさなぐらいのリアクション、拍手や喝采がもらえ、自分が承認されることが何よりも快感なのだとか。

ゲームメーカーも、そうした心理をよく知り抜き、敵キャラが倒れ込むしぐさを誇張するなど、ゲームをする人の達成感、自己効力感をとことん刺激するようにつくっているそうです。

人は誰もが「承認欲求モンスター」。「認められたい」「ほめられたい」、そんな根源的な欲求を持っています。

その欲求を瞬時に満たし、「脳内麻薬」を大量分泌させるゲームの魔力に勝つ方法はないだろうか。

そう考えた私は、ゲーム並みの「ほめほめ作戦」に出ることにしました。

朝、起きたら「おっ、時間通りに起きたね」、嫌いなものを食べたら「おっ、よく食べたねえ」などなど。

目標を小刻みに、細分化して、こまめに達成感を味わわせる「スモールステップ学習」、前述の「ポジティブ・リインフォースメント（positive reinforcement）」（好ましい行動をほめ、同じ行動を繰り返させる）を用いて、ほんの小さい進歩を見つけ出し、口に出すのです。

大げさにほめたたえるというより、しっかり観察し、変化に気づき、声掛けをしていきました。


すると、ガミガミ怒るよりは、圧倒的に効き目があるではないですか！

もちろん、人が変わったように、というわけではありませんでしたが、ゼロ、むしろマイナスだった「感情の針」が、明らかにプラスに振れるのが見て取れました。

「豚もおだてりゃ木に登る」ではないのですが、「小さく、細かい点に気づく」「認める」「ほめる」は明らかに効果があると身をもって知りました。

「ほめられ方」も大切！ どう反応すればいい？

日本人は「ほめ下手」ですが、「ほめられ下手」でもあります。
私自身、ほめられるのはとても嬉しいのですが、ついつい、

✕
とんでもないです
いやいや、そんなことないです

などと恐縮していました。

しかし、そうしたリアクションは、研究によれば、どうやら正しいものではないようです。

ほめている人だって、勇気を出してコメントしてくれているわけで、それを否定してしまうのも失礼な話ですよね。

「ほめ言葉はプレゼント」と考えて、リアクションする

ですから、「ほめられ上手」になれば、ほめてくれた人を嬉しい気分にします。
「ほめ言葉はプレゼント」だと考えて、リアクションをしてみましょう。

×

私の成果ではないんです
いやあ、たまたま

なんて言わず、

○

ありがとうございます。本当に勇気づけられます
気づいてくれてありがとうございます
わざわざ、ほめてくださってありがとうございます。とっても嬉しいです
そう思っていただけたなんて光栄です。ありがとうございます
○○さんに言っていただけると、とくに嬉しいです

と言い換えて、せっかくほめてくれた人に感謝の気持ちを伝えていきましょう。

「ほめられ上手」は「ほめ上手」なのです。

とにかく「ほめる」ことをケチらない

ここまで、「ほめる力」を劇的に改善する言い換え法を紹介してきました。

いろいろと、細かいテクニックについて触れましたが、「ほめる」ことを、とにかく、ケチらないでください。

ただでさえ、日本の職場にはポジティブ

▶部下が求める「褒め言葉」ランキング（複数回答）

1	信頼して任せられるよ	60.0%
2	○○さんがいてくれてよかった	30.8%
3	一緒に仕事ができてうれしいです	20.6%
4	機転の利いた気配りができるね	16.0%
5	助かりました	15.6%
6	これからも期待しているよ	14.2%
7	仕事が速いね	14.0%
8	頑張ったね	13.0%
9	目の付け所がセンスあるね	11.2%
10	仕事が正確だね	10.6%

（出所）龍谷大学水口教授の研究

な言葉が少なすぎます。遠慮は無用です。

龍谷大学の水口政人教授の研究によれば、部下がもらって嬉しいほめ言葉は右記のとおりだそうです。

まずは、こんなところから始めてみてはいかがでしょうか。

第5章

「ニュートラル・中立的なこと」を伝える技術

たったこれだけで、
あっという間に伝わる！

世界最高の説明・指示・伝達のルール

日本人はなぜ説明下手なのか

日本人の伝え方の大きな悩みのひとつに**「端的に伝えられない」「伝わらない」「わかってもらえない」**というものがあります。

「シンプルに説明できないなら、十分に理解していないということだ」

これは、天才物理学者アルベルト・アインシュタインの言葉です。

つまり、どんなに頭がよかろうと、アイディアが優れていようと、それをわかりやすく説明できないのなら、その本質を深く理解しているとはいえないということ。

コミュニケーションの専門家として、数多くの日本のリーダー、企業幹部とお会いしてきましたが、端的にクリアに話せる人は、そんなに多くはありません。

日本人の説明の特徴

日本人の「説明・指示」には、次のような特徴があります。

- 「言わなくても伝わる」「何か言えば伝わる」と思い込んでおり、不明瞭
- わかってもらえているのか不安で、言葉をつぎ足し、話が長くなりがち
- 情報を入れ込みすぎて、結局、相手の心には何も残らない
- 相手にはわからない言葉・内容を、平気で使っている
- 抽象的な言葉、精神論的な言葉が多く、理解されにくい
- ファクトやデータなどが中心で、心が動かされない

同質性が高いゆえに、「暗黙知」や「以心伝心」に頼り、まったく異なるバックグラウンドの人でもわかるように説明することが苦手という側面はあるでしょう。

多民族の国、アメリカなどでは、説明・指示の「型」や「方程式」を幼少期から学びますが、日本では、その機会はほとんどありません。

「説明・指示」には、紹介した「7つの言い換え」ルールのうちの、

「❶小さく・具体的に」

「❷提案や問いかけに」

「❸未来の選択肢に」

「❹『なぜなら』を加える」

の4つの技法が、とくに絶大な効果を発揮しますので、ぜひご活用ください。


ここからは、**「説明・指示」の技術を極めるテクニック**を、もっと詳しく紹介していきましょう！

「自分の言いたいこと」は言ってはいけない

これは、説明だけではなく、雑談・会話、プレゼンすべてに共通するコミュニケーションの一丁目一番地のルールになりますが、基本、**「自分が言いたいこと」より「相手が聞きたいこと・知りたいこと」にフォーカス**しなければ、コミュニケーションは成立

しません。

コミュニケーションには3つの段階があります。

「伝える」→「伝わる」→「つながる」

ただ、情報を投げるだけの「伝える」、相手がその情報を受け止め、理解してくれる「伝わる」、そして、情報をやりとりしながら、共感を育み、心が「つながる」状態にまで持っていって、ようやく**真のコミュニケーション**と言えるのです。

みなさんは、「自分が言いたいこと、話したいこと」だけを伝えて、満足してはいないでしょうか。

「相手が受け止めやすいボールか?」
「相手が受け取りたいボールか?」
を考えて投げているでしょうか。

「あなたが何を伝えたいのか」ではなく、「相手が何を聞きたいのか」

日本人は我慢強いので、どんなに話がつまらなかろうが、役に立たなかろうが、黙って聞いてくれるので、話す側は「受け止めてもらっている」「言えば伝わる」と勘違いしてしまっているかもしれません。

しかし、聞く側にしてみれば、まったく関心がない話を延々とされることほど、苦痛なことはないですよね。

会社の業務に関する話など、基本、「聞きたい」などと思ってくれる人はほとんどいないのが現実です。

そのつまらない話を、本当につまらなそうに、ダラダラと説明するのですから、伝わるわけがありません。

ですから「説明・指示」に際して、最初に考えなければならないのは、「自分が何を言わなければいけないのか、言いたいのか」ではなく、**「相手は何を聞きたいのか、どうしたら聞いてくれるのか」**ということなのです。

3つの「Kポイント」を意識する

どの角度のどれぐらいのスピードのどんな球種の球なら受け止めてくれるか、徹底的に相手の視点に立って、考えなければなりません。

そのためには、まずは**相手に「この話は聞いておかないと！」と思わせる、3つの「Kポイント」を意識**しましょう。

3つの「Kポイント」とは**「価値」「関係」「関心」**です。

価値

相手の価値を伝えることです。

これは、相手を「認める」「共感する」「ほめる」「感謝する」。
いわゆる「みかんほかんの法則」で紹介した内容です。

関係

お金に関わる「損得」についての話、「身近」で「便利」で役に立つこと、個人や社会に「影響」があることや、個人的な「悩み」にまつわるような話題です。

関心

「有名」な人や企業、いまの「流行」、誰かの苦労・失敗・成功の「ストーリー」、「感情」をゆさぶる話、秘密の「告白」といった相手が興味を持ちやすいコンテンツです。

しっかりと受け止めてもらい、持ち帰ってもらいたいのであれば、この「3Kネタ」をフックに、相手の耳をダンボにするように工夫をしなければなりません。

「自分の会社の話」から始めない

徹底的に相手の視点に立つとは、たとえば、

× わが社の資産運用商品について紹介します

で始めるのではなく、

○ 老後2000万円問題って聞いたことありますよね。じつは2000万円どころではないって、ご存じでしたか？

といったように、**相手の興味を引くところから入る**ということです。

「わが社の」、つまり自分を主人公にするのではなく、相手を主人公にする。そのストーリーに巻き込み、「これは自分の話だ」と認識してもらわなければなりません。

時々、「ご意見をお伺いしたいのですが」と問い合わせをしてくる企業の中に、会議早々、「では、まずは弊社について紹介させてください」とプレゼン資料を見せ、滔々《とうとう》と話しはじめる人がいて、少し残念に思うことがあります。
まずは、相手との温度や呼吸合わせから入ってもいいんじゃないだろうか……とモヤモヤしてしまいます。

ですから、説明を始める前に、まず考えるのは、**「何を話すのか」ではなく「相手が何を聞きたいのか、知りたいのか」**なのです。
いきなり「自分の話から」は避けたほうが無難です。

「結局、何が言いたいのか」を一言でまとめる

日本人の「説明」で最もよく出る「症状」のひとつが「ダラダラしゃべり」ですが、

それを阻止するために必要なのが、**「構造」「順番」を決めてから話しはじめること。**

「ロジカルに端的に話すコツのひとつは、結論ファースト」

これはよく言われることですが、この結論・キーメッセージを決めないまま、話す人が本当に多いのです。

「結局、一言でいうと何が言いたいんでしょうか」

プレゼンのコーチングで私がよく尋ねる質問ですが、多くの人が面食らって、しどろもどろになってしまいます。

日本人がやりがちなのは、何十ページにもわたって、のんべんだらりと一つひとつ説明していくこと。

これを**「あみだくじ話法」**と私は呼んでいますが、結論が結局、何かわからないままダラダラと話が進んでいきます。

人の記憶力は限られていますから、**説明や指示を始める前に、絶対に持って帰ってほしい結論を「一言キーメッセージ」として明確にしておく**必要があるのです。

「ハンバーガー」スタイルで話そう

「一言キーメッセージ」を決めたら、そこから話しはじめましょう。**「まずは、結論から」が大原則**です。そのうえで、

結論（キーメッセージ）＋中身＋結論

という**「ハンバーガー話法」**が、アメリカの子どもたちが学ぶ基本構造。「結論」というパンで、お肉やレタスなどの「中身」を挟み込んで話す、というスタイルです。

これから話す内容の「大枠」として結論を示してから、その中身のディテールに入っていくのです。

「大枠」（結論）なく話してしまうと、くどくどとディテールだらけになってしまいます。

「ハンバーガー話法」を活用すると、このようになります。

【結論】人生最大の武器はコミュ力だ
【中身】その理由は……。たとえば……
【結論】だから、コミュ力こそが、人生を切り開く

まずは「大枠」から入って、「小さなディテール（詳細）」へ。

「全体からパーツへ」という意味で「Whole-Part法」などと言われますが、言い換えルール「❶大→小へ」は、ここでも役立つルールです。

キーメッセージは新聞や雑誌記事でいえば、「見出し」です。10〜20文字ぐらいで、わかりやすくインパクトのあるキーフレーズを考えるクセをつけていきましょう。

「構造」「順番」を決める
——「オレオ」か「キットカット」がおすすめ

では、「結論」のあと、中身はどんな「順番」で並べるか。

この定番として、**「オレオ」**もしくは**「キットカット」**をおすすめしています。

「オレオ」（OREO）フレームワーク

Opinion（結論）
Reason（理由）
Example（具体例）
Opinion（結論）

よく日本では**「PREP」**などと紹介されることがありますが、アメリカの子どもたちは、**「オレオ」**もしくは**「PEEL」話法**として教わります。

「オレオ」（OREO）フレームワークの実例

【結論】コミュニケーションは徹底的に相手視点で！
【理由】なぜなら、人は自分の聞きたくない話は聞かないから
【具体例】たとえば、ゴルフに興味のない人に、ゴルフの話をしてもはずまないですよね

> 【結論】相手がしたい話をしましょう

「ＰＥＥＬ」は英語で「皮をむく」という意味ですが、Point→Evidence/Example→Explain→Link to Point（結論→根拠や具体例→説明→結論）の順番で論理的に文章を組み立てます。

リンゴやバナナの皮をむくように、まずは全体像を見せてから、中身を順番に説明していく方法です。

もうひとつの**「キットカット」フレームワーク**は、まさに**「キットカット」の断面の構造のように3層にする**、つまり、中身を3つの柱で組み立てていきます。

「キットカット」フレームワークの実例

> 【結論】コミュ力は生まれつきの才能ではない、スキルだ

【ポイント①】コミュ力は場数と慣れで決まる
【ポイント②】教育によって、誰でも、いつからでも上達できる
【ポイント③】まるで、○○ザップのように、筋肉と同様、鍛えられる
【結論】コミュ力をスキルとして身につけよう

といった形です。

「3つ」は人の記憶に残りやすく、「マジックナンバー」とも言われます。

ポイントは3つぐらいまでがベストです。

覚えておきたい便利なフレームワーク

ほかにも、

「SEE-I」型

State（1言で述べる）→Elaborate（詳述する）→Exemplify（例示する）→Illustrate（図や絵などで示す）

「問題解決」型
Problem（問題・課題）→Cause（原因）→Solution（解決策）→Result（結果）

「STAR」型
Situation（状況）→Task（課題）→Action（行動）→Result（結果）

「時系列」型
Past（過去）→Present（現在）→Future（未来）

といったフレームワークも便利です。
ポイントは、

「説明」の前には、必ず「キーメッセージ（結論）」と「フレームワーク」を決めておく

ということです。

「即興のスピーチを準備するのに3週間以上かかる」と、アメリカの有名な小説家、マーク・トウェインは言いましたが、つまりは、**コミュニケーションは準備が9割**。

「即興」などというものは、ほとんどないのです。

「抽象」と「具体」を使い分ける

企業リーダーのスピーチの指導をする中で悩ましいのが、とにかく**抽象的な言葉を多用しがちなこと**です。

抽象的な言葉とは、理論・基本原理・哲学・理念・コンセプト・方向性・長期目標・スローガンの類いで、たとえば**「グローバル」「イノベーション」「SDGs」「技術力」「企業改革」**などといった言葉。

目に見えないので、イメージがしにくいというデメリットがあります。

その反対が、**具体的な言葉**。具体的事象・応用例・具体的アクション・行動指針などで、**目に見えやすいので、イメージしやすくわかりやすい**というメリットがあります。

一方で、具体的なことばかりを並べると、結局、何が言いたいのかがわかりづらく、ダラダラとした説明になりがちです。

ですから、説明では、

「一言でいうと」「つまり」「要するに」という**「抽象的コンセプト・テーマ」**

＋

「たとえば」「具体的にいうと」という**「具体的な内容」**

を**組み合わせて使うのが理想的**ということになります。

（抽象）私たちが目指すのは、要するに「実用志向のエコ」です

（具体）これはどういうことかというと、たとえば「石鹸の使い捨て」「1回限りの歯ブラシ使用」をやめるといったことです

といったように「要するに⇔たとえば」がシームレスに行き来できる状態が理想です。

「説明・指示」をグレードアップする方法

では、ここで「説明・指示」のグレードを上げるいくつかのポイントを紹介しましょう。

❶絵で見せる

百聞は一見にしかず。たとえなどを用いて、言葉をビジュアル化することも、効果的です。

目で見ることのインパクトは強烈。あっという間にイメージが頭の中に埋め込まれてしまいます。

ただ、話して理解してもらおうとするより、絵や写真、プレゼン資料、動画など**ビジュアルに説明するツールを最大限に活用**しましょう。

❷繰り返す

キーメッセージを繰り返し伝えることで、より強く記憶に残すことができます。

あれもこれも繰り返すのではなく、本当に訴えたいポイントに絞って、伝えていきましょう。

スローガン、キャッチフレーズとして、リズム感よく、覚えやすいものが効果的。

何回も集中的に伝えるよりは、**一定の間隔を置いて、定期的に伝える**ことが大切です。

❸最初と最後が肝心──「結論ファースト」「結論ラスト」

人は聞いたことのほとんどを忘れてしまいます。

ただ、**話の冒頭と最後の部分は覚えてもらいやすい**そうです。

「系列位置効果」「初頭・親近効果」などと言われる心理学の現象ですが、最初と最後に聞いたことは印象に残りやすいのです。

ですから、冒頭と締めのところは、とくに大切。

だからこそ、**「結論ファースト」「結論ラスト」**ということなのですね。

❹とにかく削って、絞って、減らす

企業リーダーのプレゼンの指導で一番困るのが、各部署から「これを入れて」「あれを入れて」と、五月雨式に情報が集まり、最終的に膨大なディテールのかたまりになってしまうことです。

いらない言葉、細かすぎるディテール、専門用語などがてんこ盛りで、とにかく分量が多く、一貫性も構造もないので、わかりにくい。

たくさん伝えようとすればするほど、伝わらない。

とにかく削って、絞って、減らす。この作業に時間をかける必要があります。

❺一文は短く

私は時々、リーダーのスピーチ原稿の校正をするのですが、基本的に一文が長い！長すぎます。

5行の一段落分が一文ということもあり、区切りがありません。

こうなると、「○○が〜、○○で〜、○○して〜……」と、語尾が伸びがちで、話し方に締まりがなくなります。

「一文は短く、言いやすく」が基本です。

いかがでしょうか？

「キーメッセージ」を決める、「構造」を決める、その過程で、「言葉のぜい肉」を徹底的に取り除く。

説明は「足し算」ではなく「引き算」の作業です。

たくさんの事象、言いたいことの山の中から、どの言葉を拾い出し、紡いでいくのかがカギになるのです。

特別付録

「世界最高の自己紹介」の方程式

自分の強みを一瞬で伝える最強の方程式

本書の特別付録として、「世界最高の伝え方」を応用した、**自分の魅力・強みを説明する「世界最高の自己紹介」の方程式**も最後に紹介しておきましょう。

コミュニケーションに苦手意識を持つ日本人に、どうやって、その成功のメソッドを気軽に学んで、習得していただけるか。

私は**「コミュニケーションの戦略研究家」「話し方のコーチ」**として、日々、そればかりを考えています。

恥をかき、実践を重ねることで、コミュニケーションを変え、自信を醸成できることを身をもって学んだ体験から、企業リーダーへのコーチングの傍ら**「コミュニケーショ**

ンの寺子屋」である「世界最高の話し方の学校」を立ち上げたわけですが、そこで教えることのできる生徒の数は限られています。

ですから、「なるべく多くの人に短期間に習得していただきたい」と、簡単に試せて、コミュ力を高められる「方程式」にしてセミナーなどでお伝えしてきました。

あっという間に、プレゼンの質が上がる**「ヤッホーの法則」**や**「二人のあきらのカネの法則」**（シリーズ第一弾『世界最高の話し方』で紹介）、雑談力が爆上がりする**「ど力の法則」**（第二弾『世界最高の雑談力』で紹介）など、**これまでに編み出してきた法則はゆうに100を超えます**。

そして、このたび新しく編み出したのが、みなさんの強みを簡潔に、とびっきりわかりやすく伝える**「世界最高の自己紹介」**の方程式です。

「ダメな自己紹介」「イケてる自己紹介」は？

その前に、**「ちょっとこれは……」というイマイチ自己紹介の特徴**をお伝えしましょう。

✕

❶肩書や職位が並んでいる
❷「人を笑顔にしたい」といったポエムを語る
❸趣味はサッカー、ゴルフなどといった月並みな趣味
❹「明るいことが強みです」といった抽象的な表現

逆にイケているのは、

〇

➀ユニークで記憶に残る内容
➁自分の強みだけではなく、他者や聞き手にとって役立つこと
➂描写的・具体的でちょっとクセのある人柄や趣味、実績など
➃誰でも知っている固有名詞（地名・人名・企業名）

が入っているものです。

では、そんなインパクトのある自己紹介があっという間にできる方程式を紹介しま

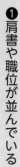

しょう。

「いま→これまで→これから」の3部構成にする

下記のチャートを見てください。

「いま→これまで→これから」の3部構成で、**「いま」**（Present）パートは、

「I am」（名詞）

「I do」（動詞）

の2つからなっています。

たとえば、私の場合はこんな感じです。

▶「世界最高の自己紹介」の方程式

Present（いま）	❶ I am（名詞）… 私は［一言見出し（名詞）］（←13-20文字）です。 ❷ I do（動詞）… 私は［誰］が［動詞］する［動詞］しています。	
Past（これまで）	❸ 3S ・Strength（強み） ・Situation（場面） ・Success （成功）	SBI ・Situation（状況） ・Behavior（行動） ・Impact（インパクト）
Future（これから）	❹ What I can do FOR YOU ・これから何をするのか ・どんなことを達成するのか ・相手にどんなメリットを提供できるのか ・相手との共感をつくる	

I am ＝ 私は、世界最高の話し方を教える家庭教師です。
I do ＝ 私は、日本のリーダーがプレゼンやスピーチを極め、ブレークスルーするお手伝いをしています。

大切なのは**「I am 〇〇」の「一言見出し」をつくる**こと。**自分を「名詞」で表現できるようにする**のです。企業の部長、課長などといったものではなく、自分の強みをキャッチコピーにします。

これは、**自分の存在を唯一無二の「カテゴリー」「アイデンティティ」にする**ということ。

これからの時代、誰もが、いつかは会社を離れて、自立して生きていくことが求められます。そのときのために、**「自分の強みは何か」「自分は何者なのか」**をじっくり考える必要があります。

「生産現場ＤＸのエキスパート」
「世界一幸福な職場をつくる働き方ソムリエ」
「働き方改革の専門家」

など、**自分を「〇〇のエキスパート」「〇〇のプロフェッショナル」「スペシャリスト」**

などと表現できるように、自分の強みをとことんまで見つめ、言語化してみてください。

2つめのパートは**「これまで」**。文字通り、これまでの実績をアピールする。

3つめのパートは**「これから」**。これから何をし、企業や、話す相手にどんなメリットを与えていくのかをアピールするのです。

どうでしょうか?

就活にもバッチリ役立つ「世界最高の自己紹介」の方程式。

ぜひ、活用してみてくださいね。

おわりに

すべてのコミュニケーションは対話が基本

この本では、「指摘する」「指示する」「ほめる」「説明する」「報告する」など、**職場や家庭で絶対役立つ「伝え方」のスキル**について、詳しく紹介してきました。

これらは、プレゼンやスピーチなどの、すべてのコミュニケーションで活用できる王道テクニックでもあります。

これまで、何気なく伝えていた内容や伝え方が、じつは効果がない、もっと上手な伝え方がある、ということに気づいていただけたでしょうか。

伝え方で、きっとみなさんはたくさんの損をしてきたように思います。

この「もったいない！」や「モヤモヤ」を解消するきっかけにしていただけたら大変

嬉しいです。

こうやって、「伝え方」について解説してきたわけですが、**「伝え方」は伝える側ひとりで完結するものではない**ということを、最後にぜひ胸にとめておいてください。

あなたが何か言えば、それで相手があっという間に変わってくれるなどとは、なかなかなりません。

なぜなら、コミュニケーションはあなたと相手との間の化学反応だから。

一方的に言い渡すだけのコミュニケーションは効果がありません。**対話の中でこそ、相手の行動変容は起きる**のです。

すべてのコミュニケーションは対話が基本ということです。

人生が上向く「あいうえおの法則」

最後に、『世界最高の話し方』『世界最高の雑談力』でも紹介したのですが、**「これを実践すれば、人生は必ず上向く」**という**「あいうえおの法則」**を紹介しておきましょう。

あ「あいさつ」をする――まずは「壁」を破ろう
い「いいね！」――ほめ上手になる
う「うん、そうだね」とうなずく――まずは話すより、耳を傾ける
え「えがお」――自分も周囲も幸せにする
お「お礼」を言う――感謝をする

いろいろと紹介してきましたが、**このシンプルな5つの「コミュしぐさ」だけで、案外、この世の中は渡っていけるもの**、そんな気がします。

ＡＩなどテクノロジーが発達した世の中でも、人は人の温かみを求めている。そして、みなさん一人ひとりがコミュニケーションによって、誰かに寄り添い、励ます存在になれるのです。

この本が、みなさんのモヤモヤや悩み解消に少しでも役立つことができたら幸いです。

「世界最高の伝え方」で人生を大きく変えていきましょう！

2023年6月

岡本純子

この本で紹介した研究の出典などの情報は、左記のホームページでご覧になれます。

https://www.glocomm.co.jp/

「世界最高の話し方の学校」についての情報はこちらから。

【著者紹介】

岡本純子（おかもと　じゅんこ）

「伝説の家庭教師」と呼ばれるエグゼクティブ・スピーチコーチ&コミュニケーション戦略研究家。株式会社グローコム代表取締役社長。

早稲田大学政治経済学部政治学科卒業。英ケンブリッジ大学院国際関係学修士。米MIT比較メディア学元客員研究員。

1991年、読売新聞社に入社後、経済部記者として日本のトップリーダーを取材。アメリカでメディア研究に従事したのち、電通パブリックリレーションズ（現電通PRコンサルティング）にて、企業経営者向けメディアトレーニング、プレゼンコーチングに携わる。2014年、再び渡米し、ニューヨークで「グローバルリーダー」のコミュニケーション術を学ぶ。

新聞記者時代に鍛えた「言語化力」「表現力」、PRコンサルタントとして得た「ブランディング」のノウハウ、アメリカで蓄積した「パフォーマンス力」「科学的知見」を融合し、独自の「コミュニケーション学」を確立。現在は、日本を代表する大企業のリーダー、政治家など、「トップエリートを対象としたプレゼン・スピーチ等のプライベートコーチング」に携わる。

これまでに1000人を超える社長・企業幹部に、秘伝の「コミュニケーションレシピ」を伝授。その「奇跡的な話し方の改善ぶり」と実績から「伝説の家庭教師」と呼ばれ、好評を博している。2021年、「今年の100人」として「Forbes JAPAN 100」に選出。2022年５月には、次世代グローバルリーダーのコミュ力育成のための「世界最高の話し方の学校」を開校した。

著書に、シリーズ累計20万部を突破した『世界最高の話し方』『世界最高の雑談力』（共に東洋経済新報社）などがある。


この本で紹介した研究の出典などの情報はこちらから。

「世界最高の話し方の学校」についての情報はこちらから。

世界最高の伝え方
人間関係のモヤモヤ、ストレスがいっきに消える！
「伝説の家庭教師」が教える「７つの言い換え」の魔法

2023年７月11日　第１刷発行
2023年９月１日　第２刷発行

著　者――岡本純子
発行者――田北浩章
発行所――東洋経済新報社
〒103-8345　東京都中央区日本橋本石町 1-2-1
電話＝東洋経済コールセンター　03(6386)1040
https://toyokeizai.net/

装　丁…………金井久幸〔TwoThree〕
イラスト…………上田惣子
ＤＴＰ…………アイランドコレクション
印　刷…………ベクトル印刷
製　本…………ナショナル製本
校　正…………加藤義廣／佐藤真由美／新井円
編集担当………中里有吾
　Printed in Japan　ISBN 978-4-492-04734-7